商周國學叢刊

菜根譚・小窗幽記・圍爐夜話

【明】洪應明、陸紹珩、【清】王永彬 著

【編輯人語】

閱讀清靈的智慧之光

「清言」是一種近似於筆記的文體體裁，篇幅短小、言近旨遠，形式似詩非詩、似文非文，有著語錄格言或尺牘、箴銘的小品文風格，文字精簡優美，文詞駢儷雅緻，極具美感，同時具有強烈「我思故我在」的心態，試圖表達對諸如居住環境、園林景色、山林泉石、魚蟲花鳥的喜愛與感受，也談及政治教化、古今文學、人情與心性等內容。總歸來說，清言的主題經常述說撰寫者對於生活的觀察、待人處世的心得與修身養性、安身立命的想法，或是平時讀書的體會。

清言的濫觴，可追溯到明代文人屠隆編纂的《娑羅館清言》。屠隆是萬曆年間進士，在此之前，歷代也有零星清言作品，但編纂形式散亂，而屠氏的作品採用分門別類的編排，因此深受讀者歡迎，類似作品數量快速增加。

而《菜根譚》、《小窗幽記》與《圍爐夜話》，可說是這類書籍的佼佼者。

《菜根譚》作者為洪應明，字自成，是萬曆朝中後期修道學佛的隱士。此書刊行之後，廣為流傳，並迅速傳往日本。於明治維新期間流行於日本社會。現在常見的《菜根譚》共有兩種版本，分別為明刻版與清刻版。明刻版刊載於明代文人高濂編纂的《雅尚齋遵生八箋》附錄，書前有三峰主人于孔兼的題詞，內容分為前後兩集。傳往日本後，由加賀藩儒生林瑜刊印，後藏於日本內閣文庫昌平坂學問所，一九一五年時，有人遊日購回此一版本，返國刊行。

清刻版是清乾隆年間常州天寧寺的校刻本，雖也分作上下兩卷，但上卷標示修省、應酬、評議、閒適等篇章，下卷則是概論。清刻版內容較雜，甚至散見清代文人續寫《菜根譚》的文句，可見後人補輯加工的痕跡，與明刻版在意識與情感上有較大差異。為還原本色，讓讀者感受《菜根譚》的原味，我們採用明代刻版。

《小窗幽記》本名《醉古堂劍掃》，是明代作家陸紹珩編纂而成，刊行時間約為明熹宗天啟初年。我們對於陸紹珩的所知甚少，僅知他終身未仕，隱居山林。作者或以「人間小不平，可以酒消之；人間大不幸，非劍不足以消。然殺乃犯法事，故以劍代筆，名為劍掃」為書定名，然正逢朝代更迭之際，國內流傳不廣，至清乾隆年間，書商訛傳此書為明朝隱儒陳繼儒所作，又改名《小窗幽記》重新刊行。本書內容分十二卷，文字清雅恬淡，善於事理剖析。乾隆三十五年版《小窗幽記》序者陳本敬評價它「洩天地之祕笈，擷經史之精華，語帶煙霞，韻諧金石……所謂端莊雜流漓，爾雅兼溫文，有美斯臻，無奇不備」。

《圍爐夜話》是清代清言小品的重要代表作，與《菜根譚》、《小窗幽記》並稱為「處世三大奇書」。《圍爐夜話》更具有勸善後輩的意味，作者於序中解釋，書如其名，正是「歲晚務閒，家人聚處，相與燒煨山芋，心有所得，輒述諸口」的教子勸德短文，全書以安身立業為主題，分別從道德、修身、讀書、安貧樂道、勤儉等方面入手，語言親切自然，易讀易懂。

此三書久有並稱之譽，然歷代刊行，多分散成冊。合刊三書，不僅體例一以貫之，讀者閱讀時更能感覺彼此互補、內外兼備的完整性，可做為信手拈來、隨意汲取生命智慧的寶典。

陳名珉（商周出版編輯）

菜根譚

《菜根譚》題詞

逐客孤蹤，屏居蓬舍，不樂與方以外人遊也。妄與千古聖賢置辯於五經同異之間，不妄與二三小子浪跡於雲山變幻之麓也。日與漁父、田夫朗吟唱和於五湖之濱、綠野之坳，不日與競刀錐、榮升斗者交臂抒情於冷熱之場、腥膻之窟也。間有習濂、洛之說者牧之，習竺、乾之業者闢之，為潭天雕龍之辯者遠之。此足以畢予山中伎倆矣。

適有友人洪自誠者，持《菜根譚》示予，且丐予序，予始訑訑然睨之耳。既而徹几上之陳編，屏胸中襍慮，手讀之，則覺其譚性命，直入玄微；道人情，曲盡巖險。俯仰天地，見胸次之夷猶；塵芥功名，知識趣之高遠。筆底陶鑄，無非綠樹青山；口吻化工，盡是鳶飛魚躍。此其自得何如，固未能深信，而據所摛詞，悉砭世醒人之喫緊，非入耳出口之浮華也。

譚以「菜根」名，固自清苦歷練中來，亦自栽培灌溉裡得。其顛頓風波，備嘗險阻可想矣。洪子曰：「天勞我以形，吾逸吾心以補天；天阨我以遇，吾亨吾道以通之。」其所自警自力者，又可思矣。由是以數語弁之，俾公諸人人，知菜根中有真味也。

三峰主人于孔兼題

前集

一　棲守道德者，寂寞一時；依阿權勢者，凄涼萬古。故達人觀物外之物，思身後之身，寧受一時之寂寞，毋取萬古之淒涼。

二　涉世淺，點染亦淺；歷事深，機械亦深。故君子與其練達，不若樸魯；與其曲謹，不若疏狂。

三　君子之心事，天青日白，不可使人不知。君子之才華，玉韞珠藏，不可使人易知。

四　勢利紛華，不近者為潔，近之而不染者為尤潔；智械機巧，不知者為高，知之而不用者為尤高。

五　耳中常聞逆耳之言，心中常有拂心之事，才是進德修行的砥石。若言言悅耳，事事快心，便把此生埋在鴆毒中矣。

六

怒雨疾風，禽鳥戚戚；霽日光風，草木欣欣。可見天地不可一日無和氣，人心不可一日無喜神。

七

醲肥辛甘非真味，真味只是淡；神奇卓異非至人，至人只是常。

八

天地寂然不動，而氣機無息少停；日月晝夜奔馳，而貞明萬古不易。故君子閒時要有吃緊的心思，忙處要有悠閒的趣味。

九

夜深人靜，獨坐觀心，始覺妄窮而真獨露，每於此中得大機趣；既覺真現而妄難逃，又於此中得大慚忸。

一〇

恩裡由來生害，故快意時，須早回頭；敗後或反成功，故拂心處，莫便放手。

一一

藜口莧腸者，多冰清玉潔；袞衣玉食者，甘婢膝奴顏。蓋志以澹泊明，而節從肥甘喪也。

一二

面前的田地要放得寬，使人無不平之歎；身後的惠澤要流得長，使人有不匱之思。

一三

徑路窄處，留一步與人行；滋味濃的，減三分讓人嘗。此是涉世一極安樂法。

一四

做人無甚高遠事業，擺脫得俗情，便入名流；為學無甚增益工夫，減除得物累，便超聖境。

一五

交友須帶三分俠氣，做人要存一點素心。

一六

寵利毋居人前，德業毋落人後；受享毋踰分外，修為毋減分中。

一七

處世讓一步為高，退步即進步的張本；待人寬一分是福，利人實利己的根基。

一八

蓋世功勞，當不得一個「矜」字；彌天罪過，當不得一個「悔」字。

一九

完名美節，不宜獨任，分些與人，可以遠害全身；辱行汙名，不宜全推，引些歸己，可以韜光養德。

二〇

事事留個有餘不盡的意思，便造物不能忌我，鬼神不能損我。若業必求滿，功必求盈者，不生內變，必召外憂。

二一

家庭有個真佛，日用有種真道。人能誠心和氣、愉色婉言，使父母兄弟間形骸兩釋、意氣交流，勝於調息觀心萬倍矣。

二二

好動者，雲電風燈；嗜寂者，死灰槁木。須定雲止水，中有魚躍鳶飛氣象，才是有道的心體。

二三

攻人之惡毋太嚴，要思其堪受；教人之善毋過高，當使其可從。

二四

糞蟲至穢，變為蟬而飲露於秋風；腐草無光，化為螢而耀采於夏月。固知潔常自汙出，明每從晦生也。

二五

矜高倨傲，無非客氣，降伏得客氣下，而後正氣伸；情欲意識，盡屬妄心，消殺得妄心盡，而後真心現。

二六

飽後思味，則濃淡之境都消；色後思淫，則男女之見盡絕。故人常以事後之悔悟，破臨事之癡迷，則性定而動無不正。

二七

居軒冕之中，不可無山林的氣味；處林泉之下，須要懷廊廟的經綸。

二八

處世不必邀功，無過便是功；與人不求感德，無怨便是德。

二九

憂勤是美德，太苦則無以適性怡情；澹泊是高風，太枯則無以濟人利物。

三〇

事窮勢蹙之人，當原其初心；功成行滿之人，要觀其末路。

三一

富貴家宜寬厚而反忌刻，是富貴而貧賤其行矣，如何能享？聰明人宜斂藏而反炫耀，是聰明而愚懵其病矣，如何不敗？

三二

居卑而後知登高之為危，處晦而後知向明之太露；守靜而後知好動之過勞，養默而後知多言之為躁。

三三

放得功名富貴之心下，便可脫凡；放得道德仁義之心下，纔可入聖。

三四

利欲未盡害心，意見乃害心之蟊賊；聲色未必障道，聰明乃障道之藩屏。

三五

人情反復，世路崎嶇。行不去處，須知退一步之法；行得去處，務加讓三分之功。

三六

待小人，不難於嚴，而難於不惡；待君子，不難於恭，而難於有禮。

三七

寧守渾噩而黜聰明，留些正氣還天地；寧謝紛華而甘澹泊，遺個清名在乾坤。

三八

降魔者先降自心，心伏，則群邪退聽；馭橫者先馭此氣，氣平，則外橫不侵。

三九

教弟子如養閨女，最要嚴出入，謹交遊。若一接近匪人，是清淨田中下一不淨種子，便終身難植嘉禾矣。

四〇

欲路上事，毋樂其便而姑為染指，一染指便深入萬仞；理路上事，無憚其難而稍為退步，一退步便遠隔千山。

四一

念頭濃者，自待厚，待人亦厚，處處皆濃；念頭淡者，自待薄，待人亦薄，處處皆淡。故君子居常嗜好，不可太濃豔，亦不宜太枯寂。

四二

彼富我仁，彼爵我義，君子固不為君相所牢籠；人定勝天，志一動氣，君子亦不受造物之陶鑄。

四三

風恬浪靜中，見人生之真境；味淡聲希處，識心體之本然。

四四

立身不高一步立，如塵裡振衣，泥中濯足，如何超達？處世不退一步處，如飛蛾投燭，羝羊觸藩，如何安樂？

四五

學者要收拾精神，併歸一路。如修德而留意於事功名譽，必無實詣；讀書而寄興於吟詠風雅，定不深心。

四六

人人有個大慈悲，維摩屠劊無二心也；處處有種真趣味，金屋茅簷非兩地也。只是欲蔽情封，當面錯過，便咫尺千里矣。

四七

進德修道，要個木石的念頭，若一有欣羨，便趨欲境；濟世經邦，要段雲水的趣味，若一有貪著，便墮危機。

四八

吉人無論作用安詳，即夢寐神魂，無非和氣；凶人無論行事狠戾，即聲音笑貌，渾是殺機。

四九

肝受病則目不能視；腎受病則耳不能聽；病受於人所不見，必發於人所共見。故君子欲無得罪於昭昭，先無得罪於冥冥。

五〇

福莫福於少事，禍莫禍於多心。唯苦事者，方知少事之為福；唯平心者，始知多心之為禍。

五一

處治世宜方，處亂世宜圓，處叔季之世，當方圓並用；待善人宜寬，待惡人宜嚴，待庸眾之人，當寬嚴互存。

五二

我有功於人不可念，而過則不可不念；人有恩於我不可忘，而怨則不可不忘。

五三

施恩者，內不見己，外不見人，則斗粟可當萬鍾之惠；利物者，計己之施，責人之報，雖百鎰難成一文之功。

五四

人之際遇，有齊有不齊，而能使己獨齊乎？己之情理，有順有不順，而能使人皆順乎？以此相觀對治，亦是一方便法門。

五五

心地清淨，方可讀書學古。不然，見一善行，竊以濟私，聞一善言，假以覆短，是又藉寇兵而齎盜糧矣。

五六

奢者富而不足，何如儉者貧而有餘；能者勞而府怨，何如拙者逸而全真。

五七

讀書不見聖賢，為鉛槧【音同欠】傭；居官不愛子民，為衣冠盜；講學不尚躬行，為口頭禪；立業不思種德，為眼前花。

五八

人心有一部真文章，都被殘編斷簡封錮了；有一部真鼓吹，都被妖姬豔舞湮沒了。學者須掃除外物，直覓本來，才有個真受用。

五九

苦心中，常得悅心之趣；得意時，須防失意之悲。

六〇

富貴名譽，自道德來者，如山林中花，自是舒徐繁衍；自功業來者，如盆檻中花，便有遷徙興廢；若以權力得者，如瓶鉢中花，其根不值，其萎可立而待矣。

六一

春至時和，花尚鋪一段好色，鳥且囀幾句好音。士君子幸列頭角，復遇溫飽，不思立好言，行好事，雖是在世百年，恰似未生一日。

六二

學者有段競業的心思，又要有段瀟灑的趣味。若一味斂束清苦，是有秋殺，無春生，何以發育萬物。

六三

真廉無廉名，立名者正所以為貪；大巧無巧術，用術者乃所以為拙。

六四

欹【音同七】器以滿覆，撲滿以空全。故君子寧居無不居有，寧處缺不處完。

六五

名根未拔者，縱輕千乘甘一瓢，總墮塵情；客氣未融者，雖澤四海、利萬世，終為剩技。

六六

心體光明，暗室中有青天；念頭暗昧，白日下生厲鬼。

六七

人知名位為樂，不知無名無位之樂為最真；人知飢寒為憂，那知不飢不寒之憂為更甚。

六八

為惡而畏人知，惡中猶有善路；為善而急人知，善處即是惡根。

六九

天之機緘不測。抑而伸，伸而抑，皆是播弄英雄、顛倒豪傑處。君子只是逆來順受，居安思危，天亦無所施其技倆矣。

七〇

燥性者火熾，遇物則焚；寡恩者冰清，逢物必殺；凝滯固執者，如死水腐木，生機已絕，俱難建功業而延福祉。

七一

福不可邀，養喜神以為召福之本而已；禍不可避，去殺機以為遠禍之方而已。

七二

十語九中，未必稱奇，一語不中，則愆尤駢集；十謀九成，未必歸功，一謀不成，則訾議叢興。君子所以寧默毋躁，寧拙毋巧。

七三

天地之氣，暖則生，寒則殺。故性氣清冷者，受享亦涼薄。唯和氣熱心之人，其福亦厚，其澤亦長。

七四

天理路上甚寬，稍遊心，胸中便覺高明廣大；人欲路上甚窄，才寄跡，眼前俱是荊棘泥塗。

七五

一苦一樂相磨鍊，鍊極而成福者，其福始久；一疑一信相參勘，勘極而成知者，其知始真。

七六

心不可不虛，虛則義理來居；心不可不實，實則物欲不入。

七七

地之穢者多生物，水之清者常無魚。故君子當存含垢納汙之量，不可持好潔獨行之操。

七八

泛駕之馬可就馳驅，躍冶之金終歸型範。只一優遊不振，便終身無個進步。白砂[1]云：「為人多病未足羞，一生無病是吾憂。」真確論也。

①白砂：白砂，字公甫，號實齋。廣東人，因遷居白砂鄉，世稱「白砂先生」。為明代著名書法家、詩人，嶺南學派創始者，提倡「以靜為主」的入學法門，講求「端坐澄心，於靜中養出端倪」。萬曆年間詔准從祀孔廟，有「廣東第一大儒」之美譽。

七九

人只一念貪私，便銷剛為柔，塞智為昏，變恩為慘，染潔為汙，壞了一生人品。故古人以不貪為寶，所以度越一世。

八〇

耳目聞見為外賊，情欲意識為內賊。只是主人翁惺惺不昧，獨坐中堂，賊便化為家人矣。

八一

圖未就之功，不如保已成之業；悔既往之失，不如防將來之非。

八二

氣象要高曠，而不可疏狂；心思要縝密，而不可瑣屑；趣味要沖淡，而不可偏枯；操守要嚴明，而不可激烈。

八三

風來疏竹，風過而竹不留聲；雁度寒潭，雁去而潭不留影。故君子事來而心始現，事去而心隨空。

八四

清能有容，仁能善斷；明不傷察，直不過矯。是謂蜜餞不甜，海味不鹹，才是懿德。

八五

貧家淨掃地，貧女淨梳頭，景花雖不豔麗，氣度自是風雅。士君子一當窮愁寥落，奈何輒自廢弛哉。

八六

閒中不放過，忙處有受用；靜中不落空，動處有受用；暗中不欺隱，明處有受用。

八七

念頭起處，才覺向欲路上去，便挽從理路上來。一起便覺，一覺便轉，此是轉禍為福，起死回生的關頭，切莫輕易放過。

八八

靜中念慮澄澈，見心之真體；閒中氣象從容，識心之真機；淡中意趣沖夷，得心之真味。觀心證道，無如此三者。

八九

靜中靜，非真靜，動處靜得來，才是性天之真境；樂處樂，非真樂，苦中樂得來，才見心體之真機。

九〇

捨己毋處其疑，處其疑，即所捨之志多愧矣；施人無責其報，責其報，並所施之心俱非矣。

九一

天薄我以福，吾厚吾德以迓之；天勞我以形，吾逸吾心以補之；天阨我以遇，吾亨吾道以通之。天且奈我何哉？

九二

貞士無心邀福，天即就無心處牖其衷；憸【音同先】人著意避禍，天即就著意中奪其魄。可見天之機權最神，人之智巧何益。

九三

聲妓晚歲從良，一世之煙花無礙；貞婦白頭失守，半生之消苦俱非。語云：「看人只看後半截。」真名言也。

九四

平民肯種德施惠，便是無位的公相；士夫徒貪權市寵，竟成有爵的乞人。

九五

問祖宗之德澤，吾身所享者是，當念其積累之難；問子孫之福祉，吾身所貽者是，要思其傾覆之易。

九六

君子而詐善，無異小人之肆惡；君子而改節，不及小人之自新。

九七

家人有過，不宜暴怒，不宜輕棄。此事難言，借他事隱諷之；今日不悟，俟來日再警之。如春風解凍，如和氣消冰，才是家庭的型範。

九八

此心常看得圓滿，天下自無缺憾之世界；此心常放得寬平，天下自無險側之人情。

九九

澹泊之士，必為濃豔者所疑；檢飾之人，多為放肆者所忌。君子處此，固不可少變其操履，亦不可露其鋒芒。

一〇〇

居逆境中，周身皆鍼砭藥石，砥節勵行而不覺；處順境內，滿前盡兵刃戈矛，銷膏靡骨而不知。

一〇一

生長富貴叢中的，嗜欲如猛火，權勢如烈焰。若不帶些清冷氣味，其火焰若不焚人，必將自爍矣。

一〇二

人心一真，便霜可飛，城可隕，金石可貫。若偽妄之人，行骸徒具，真宰已亡，對人則面目可憎，獨居則形影自媿【音同潰】。

一〇三

文章做到極處，無有他奇，只是恰好；人品做到極處，無有他異，只是本然。

一〇四

以幻跡言，無論功名富貴，即肢體亦屬委形；以真境言，無論父母兄弟，即萬物皆吾一體。人能看得破，認得真，才可以任天下之負擔，亦可脫世間之韁鎖。

一〇五

爽口之味，皆爛腸腐骨之藥，五分便無殃；快心之事，悉敗身喪德之媒，五分便無悔。

一〇六

不責人小過，不發人陰私，不念人舊惡。三者可以養德，亦可以遠害。

一〇七

士君子持身不可輕，輕則物能撓我，而無悠閒鎮定之趣；用意不可重，重則我為物泥，而無瀟灑活潑之機。

一〇八

天地有萬古，此身不再得；人生只百年，此日最易過。幸生其間者，不可不知有生之樂，亦不可不懷虛生之憂。

一〇九

怨因德彰，故使人德我，不若德怨之兩忘；仇因恩立，故使人知恩，不若恩仇之俱泯。

一一〇

老來疾病，都是壯時招的；衰後罪孽，都是盛時做的。故持盈履滿，君子尤兢兢焉。

一一一

市私恩，不如扶公議；結新知，不如敦舊好；立榮名，不如種隱德；尚奇節，不如謹庸行。

一一二

公道正論不可犯手，一犯，則貽羞萬世；權門私竇不可著腳，一著，則點汙終身。

一一三

曲意而使人喜，不若直躬而使人忌；無善而致人譽，不若無惡而致人毀。

一一四

處父兄骨肉之變，宜從容，不宜激烈；遇朋友交遊之失，宜剴切，不宜優游。

一一五

小處不滲漏，暗處不欺隱，末路不怠荒，才是個真正英雄。

一一六

千金難結一時之歡，一飯竟致終身之感。蓋愛重反為仇，薄極反成喜也。

一一七

藏巧於拙，用晦而明，寓清之濁，以屈為伸，真涉世之一壺，藏身之三窟也。

一一八

衰颯的景象，就在盛滿中；發生的機緘，即在零落內。故君子居安，宜操一心以慮患；處變，當堅百忍以圖成。

一一九

驚奇喜異者，無遠大之識；苦節獨行者，非恆久之操。

一二〇

當怒火慾水正騰沸處，明明知得，又明明犯著。知的是誰，犯的又是誰？此處能猛然轉念，邪魔便為真君矣。

一二一

毋偏信而為奸所欺，毋自任而為氣所使；毋以己之長而形人之短，毋因己之拙而忌人之能。

一二二

人之短處，要曲為彌縫，如暴而揚之，是以短攻短；人有頑的，要善為化誨，如忿而疾之，是以頑濟頑。

一二三

遇沉沉不語之士，且莫輸心；見悻悻自好之人，應須防口。

一二四

念頭昏散處，要知提醒；念頭吃緊時，要知放下。不然，恐去昏昏之病，又來憧憧之擾矣。

一二五

霽日青天，倏變為迅雷震電；疾風怒雨，倏轉為朗月晴空。氣機何嘗有一毫凝滯？太虛何嘗有一毫障塞？人之心體，亦當如是。

一二六

勝私制欲之功，有曰識不早，力不易者，有曰識得破，忍不過者。蓋「識」是一顆照魔的明珠，力是一把斬魔的慧劍，兩不可少也。

一二七

覺人之詐，不形於言；受人之侮，不動於色。此中有無窮意味，亦有無窮受用。

一二八

橫逆困窮是鍛鍊豪傑的一副爐錘，能受其鍛鍊，則身心交益，不受其鍛鍊，則身心交損。

一二九

吾身一小天地也，使喜怒不愆，好惡有則，便是燮理的功夫；天地一大父母也，使民無怨咨，物無氛疹，亦是敦睦的氣象。

一三〇

害人之心不可有，防人之心不可無，此戒疏於慮也；寧受人之欺，毋逆人之詐，此警傷於察也。二語並存，精明而渾厚矣。

一三一

毋因群疑而阻獨見，毋任己意而廢人言，毋私小惠而傷大體，毋借公論以快私情。

一三二

善人未能急親，不宜預揚，恐來讒譖之奸；惡人未能輕去，不宜先發，恐遭媒孽之禍。

一三三

青天白日的節義，自暗室屋漏中培來；旋乾轉坤的經綸，自臨深履薄處操出。

一三四

父慈子孝，兄友弟恭，縱做到極處，俱是合當如此，著不得一毫感激的念頭。如施者任德，受者懷恩，便是路人，便成市道矣。

一三五

有妍必有醜為之對，我不誇妍，誰能醜我？有潔必有汙為之仇，我不好潔，誰能汙我？

一三六

炎涼之態，富貴更甚於貧賤；妒忌之心，骨肉尤狠於外人。此處若不當以冷腸，御以平氣，鮮不日坐煩惱障中矣。

一三七

功過不容少混，混則人懷惰墮之心；恩仇不可太明，明則人起攜貳之志。

一三八

爵位不宜太盛，太盛則危；能事不宜盡畢，盡畢則衰；行誼不宜過高，過高則謗興而毀來。

一三九

惡忌陰，善忌陽，故惡之顯者禍淺，而隱者禍深；善之顯者功小，而隱者功大。

一四〇

德者才之主，才者德之奴。有才無德，如家無主而奴用事矣，幾何不魍魎倡狂！

一四一

鋤奸杜倖，要放他一條去路。若使之一無所容，譬如塞鼠穴者，一切去路都塞盡，則一切好物俱咬破矣。

一四二

當與人同過，不當與人同功，同功則相忌；可與人共患難，不可與人共安樂，安樂則相仇。

一四三

士君子貧不能濟物者，遇人癡迷處，出一言提醒之；遇人急難處，出一言解救之，亦是無量功德。

一四四

飢則附，飽則颺；燠則趨，寒則棄，人情通患也。

一四五

君子宜淨拭冷眼，慎毋輕動剛腸。

一四六

德隨量進，量由識長。故欲厚其德，不可不弘其量；欲弘其量，不可不大其識。

一四七

一燈螢然，萬籟無聲，此吾人初入宴寂時也；曉夢初醒，群動未起，此吾人初出混沌處也。乘此而一念迴光，炯然返照，始知耳目口鼻皆桎梏，而情欲嗜好悉機械矣。

一四八

反己者，觸事皆成藥石；尤人者，動念即是戈矛。一以闢眾善之路，一以導諸惡之源，相去天壤矣。

一四九

事業文章隨身銷毀，而精神萬古如新；功名富貴逐世轉移，而氣節千載一日。君子信不當以彼易此也。

一五〇

魚網之設，鴻則罹其中；螳螂之貪，雀又乘其後。機裡藏機，變外生變，智巧何足恃哉。

一五一

做人無點真懇念頭，便成個花子，事事皆虛；涉世無段圓活機趣，便是個木人，處處有礙。

一五二

水不波則自定，鑑不翳則自明，故心無可清，去其混之者，而清自現；樂不必尋，去其苦之者，而樂自存。

一五三

有一念犯鬼神之禁，一言而傷天地之和，一事而釀子孫之禍者，最宜切戒。

一五四

事有急之不白者，寬之或自明，毋躁急以速其忿；人有操之不從者，縱之或自化，毋操切以益其頑。

一五五

節義傲青雲，文章高〈白雪〉，若不以性情陶鎔之，終為血氣之私、技能之末。

一五六

謝事當謝於正盛之時，居身宜居於獨後之地。

一五七

謹德須謹於至微之事，施恩務施於不報之人。

一五八

交市人，不如友山翁；謁朱門，不如親白屋；聽街談巷語，不如聞牧唱樵歌；談今人失德過舉，不如述古人嘉言懿行。

一五九

德者，事業之基，未有基不固而棟宇堅久者。

一六〇

心者，後嗣之本，未有根不立而枝葉榮茂者。

一六一

前人云：「拋卻自家無盡藏，沿門持鉢效貧兒。」又云：「暴富貧兒休說夢，誰家灶裡火無煙？」一箴自昧所有，一箴自誇所有，可為學人切戒。

一六二

道是一重公眾物事，當隨人而接引；學是一個尋常家飯，當隨事而講求。

一六三

信人者，人未必盡誠，己則獨誠矣；疑人者，人未必皆詐，己則先詐矣。

一六四

念頭寬厚的，如春風煦育，萬物遭之而生；念頭忌刻的，如朔雪陰凝，萬物遭之而死。

一六五

為善不見其益，如草裡冬瓜，自應暗長；為惡不見其損，如庭前春雪，勢必潛消。

一六六

遇故舊之交，意氣要愈新；處隱微之地，心跡宜愈顯；待衰朽之輩，恩禮當愈隆。

一六七

勤者敏於德義，而世人借勤以濟其貧；儉者淡於貨利，而世人假儉以飾其吝。君子持身之符，反為小人營私之具矣，惜哉！

一六八

憑意興作為者，隨做則隨止，豈是不退之車輪；從情識解悟者，有悟則有迷，終非常明之燈燭。

一六九

人之過誤宜恕，而在己則不可恕；己之困辱宜忍，而在人則不可忍。

一七〇

能脫俗便是奇，作意尚奇者，不為奇而為異；不合汙便是清，矯情求清者，不為清而為激。

一七一

恩宜自淡而濃，先濃後淡者，人忘其惠；威宜自嚴而寬，先寬後嚴者，人怨其酷。

一七二

心虛則性現，不息心而求見性，如撥波覓月；意淨則心清，不了意而求明心，如索鏡增塵。

一七三

我貴而人奉之，奉此峨冠大帶也；我賤而人侮之，侮此布衣草履也。然則原非奉我，我胡為喜？原非侮我，我胡為怒？

一七四

「為鼠常留飯，憐蛾不點燈」，古人此等念頭，今人學之，便是一點生生之機。無此，便所謂土木形骸而已。

一七五

心體便是天體，一念之喜，景星慶雲；一念之怒，震雷暴雨；一念之慈，和風甘露；一念之嚴，烈日秋霜；何者少得？只要隨起隨滅，廓然無礙，便與太虛同體。

一七六

無事時，心易昏昧，宜寂寂而照以惺惺；有事時，心易奔逸，宜惺惺以而主以寂寂。

一七七

議事者，身在事外，宜悉利害之情；任事者，身居事中，當絕利害之慮。

一七八

士君子處權門要路，操履要嚴明，心氣要和易，毋詭隨而陷腥羶之黨，亦毋矯激而忘蜂蠆之危。

一七九

標節義者，必以節義受謗；榜道學者，常因道學招尤；故君子不近惡事，亦不立善名，只要和氣渾然，才是居身之寶。

一八〇

遇欺詐的人，以誠心感動之；遇暴戾的人，以和氣薰蒸之；遇傾邪私曲的人，以名義氣節激勵之；天下之人，無不入我陶冶中矣。

一八一

一念慈祥，可以醞釀兩間和氣；寸心潔白，可以昭垂百代清芬。

一八二

陰謀怪習，異行奇能，俱是涉世的禍胎，殺身的利器。只一個庸德庸行，便可以完混沌而召和平。

一八三

語云：「登山耐側路，踏雪耐危橋。」一「耐」字極有意味。如傾險之人情，坎坷之世道，若不得一「耐」字撐持過去，幾何不墮入榛莽坑塹哉？

一八四

誇逞功業，炫耀文章，皆是靠外物做人。不知心體瑩然，本來不失，即無寸功隻字，亦自有堂堂正正做人處。

一八五

忙裡要偷閒，須先向閒時討個把柄；鬧中要取靜，須先從靜裡立個根基；不然，未有不因境而遷，隨時而靡者。

一八六
不昧己心，不盡人情，不竭物力，三者可以為天地立心，為生民立命，為子孫造福。

一八七
居官有二語，曰：「唯公則生明，唯廉則生威。」居家有二語，曰：「唯恕則情平，唯儉則用足。」

一八八
處富貴之地，要知貧賤的痛癢；當少壯之時，須念衰老的辛酸。

一八九
持身不可太皎潔，一切汙辱垢穢要茹納得；與人不可太分明，一切善惡賢愚要包容得。

一九〇
休與小人仇讎，小人自有對頭；休向君子諂媚，君子原無私惠。

一九一
縱欲之病可醫，而執理之病難醫；事物之障可除，而義理之障難除。

一九二

磨礪當如百鍊之金，急就者，必非邃養；施為宜似千鈞之弩，輕發者，絕無宏功。

一九三

寧為小人所忌毀，毋為小人所媚悅；寧為君子所責備，毋為君子所包容。

一九四

好利者，軼出於道義之外，其害顯而淺；好名者，竄入於道義之中，其害隱而深。

一九五

受人之恩，雖深不報，怨則淺亦報之；聞人之惡，雖隱不疑，善則顯亦疑之。此刻之極，薄之尤也，宜切戒之。

一九六

讒夫毀士，如寸雲蔽日，不久自明；媚子阿人，似隙風侵肌，無疾亦損。

一九七

山之高峻處無木，而溪谷迴環則草木叢生；水之湍急處無魚，而淵潭停蓄則魚鱉聚集。此高絕之行，褊【音同扁】急之衷，君子重有戒焉。

一九八

建功立業者，多圓融之士；僨事失機者，必執拗之人。

一九九

處世不宜與俗同，亦不宜與俗異；做事不必令人喜，亦不可令人厭。

二〇〇

日既暮而猶煙霞絢爛，歲將晚而更橙橘芳馨。故末路晚年，君子更宜精神百倍。

二〇一

鷹立如睡，虎行似病，正是牠攫鳥噬人法術。故君子要聰明不露，才華不逞，才有肩鴻任鉅的力量。

二〇二

儉，美德也，過儉則為慳吝，為鄙嗇，反傷雅道；讓，懿行也，過讓則為足恭，為曲謹，多出機心。

二〇三

毋憂拂意，毋喜快心，毋恃久安，毋憚初難。

二〇四

宴飲之樂多，不是個好人家；聲華之習勝，不是個好士子；名位之念重，不是個好臣士。

二〇五

世人以心愜處為樂，卻被樂心引入苦處；達士以心拂處為樂，終由苦心換得樂來。

二〇六

居盈滿者，如水之將溢未溢，切忌再加一滴；處危急者，如木之將折未折，切忌再加一搦【音同懦】。

二〇七

冷眼觀人，冷耳聽語，冷情當感，冷心思理。

二〇八

仁人心地寬舒，便福厚而慶長，事事成個寬舒氣象；鄙夫念頭迫促，便福薄而澤短，事事得個迫促規模。

二〇九

聞惡不可就惡，恐為讒夫洩怒；聞善不可急親，恐引奸人進身。

二一〇

性躁心粗者，一事無成；心和氣平者，百福自集。

二一一

用人不宜刻，刻則思效者去；交友不宜濫，濫則貢諛者來。

二一二
風斜雨急處，要立得腳定；花濃柳豔處，要著得眼高；路危徑險處，要回得頭早。

二一三
節義之人濟以和衷，才不啟忿爭之路；功名之士承以謙德，方不開嫉妒之門。

二一四
士大夫居官，不可竿牘無節，要使人難見，以杜倖端；居鄉不可崖岸太高，要使人易見，以敦舊好。

二一五
大人不可不畏，畏大人則無放逸之心；小民亦不可不畏，畏小民則無豪橫之習。

二一六
事稍拂逆，便思不如我的人，則尤怨自消；心稍怠荒，便思勝似我的人，則精神自奮。

二一七
不可乘喜而輕諾，不可因醉而生嗔，不可乘快而多事，不可因倦而鮮終。

二一八
善讀書者，要讀到手舞足蹈處，方不落筌蹄；善觀物者，要觀到心融神洽時，方不泥跡象。

二一九

天賢一人，以誨眾人之愚，而世反逞其所長，以形人之短；天富一人，以濟眾人之困，而世反挾其所有，以凌人之貧。真天之戮民哉！

二二〇

至人何思何慮，愚人不識不知，可與論學亦可與建功。唯中材的人，多一番思慮知識，便多一番臆度猜疑，事事難與下手。

二二一

口乃心之門，守口不密，洩盡真機；意乃心之足，防意不嚴，走盡邪蹊。

二二二

責人者，原無過於有過之中，則情平；責己者，求有過於無過之內，則德進。

二二三

子弟者，大人之胚胎；秀才者，宰相之基礎。此時若火力不到，陶鑄不純，他日涉世立朝，終難成個令器。

二二四

君子處患難而不憂，當宴遊而益加惕慮；遇權豪而不懼，對惸【音同窮】獨而反若驚心。

二二五

桃李雖豔，何如松蒼柏翠之堅貞？梨杏雖甘，何如橘綠橙黃之馨洌？信乎，濃夭不及淡久，早秀不如晚成也。

二二六

風恬浪靜中，見人生之真境；味淡聲希處，識心體之本然。

後集

一　談山林之樂者，未必真得山林之趣；厭名利之談者、未必盡忘名利之情。

二　釣水，逸事也，尚持生殺之柄；奕棋，清戲也，且動戰爭之心。可見喜事不如省事之為適，多能不若無能之全真。

三　鶯花茂而山濃谷豔，總是乾坤之幻境。水木落而石瘦崖枯，才見天地之真吾。

四　歲月本長，而忙者自促；天地本寬，而鄙者自隘；風花雪月本閒，而勞攘者自冗。

五　得趣不在多，盆池拳石間煙霞具足；會景不在遠，蓬窗竹屋下風月自賒。

六　聽靜夜之鐘聲，喚醒夢中之夢；觀澄潭之月影，窺見身外之身。

七

鳥語蟲聲，總是傳心之訣；花英草色，無非見道之文。學者要天機清徹，胸次玲瓏，觸物皆有會心處。

八

人解讀有字書，不解讀無字書；知彈有弦琴，不知彈無絃琴。以跡不以神用，何以得琴書之趣？

九

心無物欲，即是秋空霽海；坐有琴書，便成石室丹丘。

一〇

賓朋雲集，劇飲淋漓，樂矣！俄而漏盡燭殘，香銷茗冷，不覺反成嘔咽，令人索然無味。天下事率類此，人奈何不早回頭也？

一一

會得個中趣，五湖之煙月，盡入寸裡；破得眼前機，千古之英雄，盡歸掌握。

一二

山河大地已屬微塵，而況塵中之塵？血肉身軀且歸泡影，而況影外之影？非上上智，無了了心。

一三

石火光中，爭長競短，幾何光陰？蝸牛角上，較雌論雄，許大世界？

一四

寒燈無焰，敝裘無溫，總是播弄光景；身如槁木，心似死灰，不免墮落頑空。

一五

人肯當下休，便當下了。若要尋個歇處，則婚嫁雖完，事亦不少。僧道雖好，心亦不了。前人云：「如今休去便休去，若覓了時無了時。」見之卓矣。

一六

從冷視熱，然後知熱處之奔馳無益。從冗入閒，然後覺閒中之滋味最長。

一七

有浮雲富貴之風，而不必岩棲穴處；無膏肓泉石之癖，而常自醉酒耽詩。

一八

競逐聽人，而不謙盡醉；恬淡適己，而不誇獨醒。此釋氏所謂「不為法纏，不為空纏，身心兩自在」者。

一九

延促由於一念，寬窄係之寸心。故機閒者，一日遙於千古；意廣者，斗室寬若兩間。

二〇

損之又損，栽花種竹，盡交還烏有先生；忘無可忘，焚香煮茗，總不問白衣童子。

二一

都來眼前事，知足者仙境，不知足者凡境；總出世上因，善用者生機，不善用者殺機。

二二

趨炎附勢之禍，甚慘亦甚速；棲恬守逸之味，最淡亦最長。

二三

松澗邊，攜杖獨行，立處雲生破衲；竹窗下，枕書高臥，覺時月侵寒氈。

二四

色慾火熾，而一念及病時，便興似寒灰；名利飴甘，而一想到死地，便味如嚼蠟。故人常憂死慮病，亦可消幻業而長道心。

二五

爭先的徑路窄，退後一步，自寬平一步；濃豔的滋味短，清淡一分，自悠長一分。

二六

忙處不亂性，須閒處心神養得清；死時不動心，須生時事物看得破。

二七

隱逸林中無榮辱，道義路上無炎涼。

二八

熱不必除，而除此熱惱，身常在清涼臺上；窮不可遣，而遣此窮愁，心常居安樂窩中。

二九

進步處，便思退步，庶免觸藩之禍；著手時，先圖放手，才脫騎虎之危。

三〇

貪得者，分金恨不得玉，封公怨不受侯，權豪自甘乞丐；知足者，藜羹旨於膏粱，布袍煖於狐貉，編民不讓王公。

三一

矜名不若逃名趣；練事何如省事閒。

三二

嗜寂者，觀白雲幽石而通玄；趨榮者，見清歌妙舞而忘倦。唯自得之士，無喧寂，無榮枯，無往非自適之天。

三三

孤雲出岫，去留一無所係；朗鏡懸空，靜躁兩不相干。

三四

悠長之趣，不得於醲釅，而得於啜菽飲水；惆悵之懷，不生於枯寂，而生於品竹調絲。固知濃所味常短，淡中趣獨真也。

三五

禪宗曰：「飢來吃飯倦來眠。」詩旨曰：「眼前景致口頭語。」蓋極高寓於極平，至難出於至易，有意者反遠，無心者自近也。

三六

水流而境無聲，得處喧見寂之趣；山高而雲不礙，悟出有入無之機。

三七

山林是勝地，一營戀便成市朝；書畫是雅事，一貪癡便成商賈。蓋心無染著，欲界是仙都；心有繫戀，樂境成苦海矣。

三八

時當喧雜，則平日所記憶者，皆漫然忘去；境在清寧，則夙昔所遺忘者，又恍爾現前。可見靜躁稍分，昏明頓異也。

三九

蘆花被下，臥雪眠雲，保全得一窩夜氣；竹葉杯中，吟風弄月，躲離了萬丈紅塵。

四〇

袞冕行中，著一藜杖的山人，便增一段高風；漁樵路上、著一袞衣的朝士，轉添許多俗氣。固知濃不勝淡，俗不如雅也。

四一

出世之道，即在涉世中，不必絕人以逃世；了心之功，即在盡心內，不必絕欲以灰心。

四二

此身常放在閒處，榮辱得失，誰能差遣我？此心常安在靜中，是非利害，誰能瞞昧我？

四三

竹籬下，忽聞犬吠雞鳴，恍似雲中世界；芸窗中，雅聽蟬吟鴉噪，方知靜裡乾坤。

四四

我不希榮，何憂乎利祿之香餌？我不競進，何畏乎仕宦之危機？

四五

徜徉於山林泉石之間，而塵心漸息；夷猶於詩書圖畫之內，而俗氣潛消。故君子雖不玩物喪志，亦常借境調心。

四六

春日氣象繁華，令人心神駘蕩，不若秋日雲白風清，蘭芳桂馥，水天一色，上下空明，使人神骨俱清也。

四七

一字不識而有詩意者，得詩家真趣；一偈不參而有禪味者，悟禪教玄機。

四八

機動的，弓影疑為蛇蝎，寢石視為伏虎，此中渾是殺氣；念息的，石虎可作海鷗，蛙聲可當鼓吹，觸機俱見真機。

四九

身如不繫之舟，一任流行坎止；心似既灰之木，何妨刀割香塗。

五〇

人情聽鶯啼則喜，聞蛙鳴則厭，見花則思培之，遇草則欲去之，俱是以形氣用事。若以性天視之，何者非自鳴其天機，非自暢其生意也。

五一

髮落齒疏，任幻形之彫謝；鳥吟花笑，識自性之真如。

五二

欲其中者，波沸寒潭，山林不見其寂；虛其中者，涼生酷暑，朝市不知其喧。

五三

多藏者厚亡，故知富不如貧之無慮；高步者疾顛，故知貴不如賤之常安。

五四

讀《易》曉窗，丹砂研松間之露；談經午案，寶磬宣竹下之風。

五五

花居盆內終乏生機，鳥入籠中便減天趣。不若山間花鳥，錯集成文，翱翔自若，自是悠然會心。

五六

世人只緣認得「我」字太真，故多種種嗜好、種種煩惱。前人云：「不復知有我，安知物為貴？」又云：「知身不是我，煩惱更何侵？」真破的之言也。

五七

自老視少，可以消奔馳角逐之心；自瘁視榮，可以絕紛華靡麗之念。

五八

人情世態，倏忽萬端，不宜認得太真。堯夫云：「昔日所云我，而今卻是伊。不知今日我，又屬後來誰？」人常作是觀，便可解卻胸中罥【音同倦】矣。

五九

熱鬧中著一冷眼，便省許多苦心思；冷落處存一熱心，便得許多真趣味。

六〇

有一樂境界，就有一不樂的相對待；有一好光景，就有一不好的相乘除。只是尋常家飯，素位風光，才是個安樂的窩巢。

六一

簾櫳高敞，看青山綠水吞吐雲煙，識乾坤之自在；竹樹扶疏，任乳燕鳴鳩送迎時序，知物我之兩忘。

六二

知成之必敗，則求成之心不必太堅；知生之必死，則保生之道不必過勞。

六三

古德云：「竹影掃堦塵不動，月輪穿沼水無痕。」吾儒云：「水流任急境常靜，花落雖頻意自閒。」人常持此意，以應事接物，身心何等自在。

六四

林間松韻，石上泉聲，靜裡聽來，識天地自然鳴佩；草際煙光，水心雲影，閒中觀去，見乾坤最上文章。

六五

眼看西晉之荊榛，猶矜白刃；身屬北邙之狐兔，尚惜黃金。語云：「猛獸易伏，人心難降。谿壑易填，人心難滿。」信哉。

六六

心地上無風濤，隨在皆青山綠樹；性天中有化育，觸處見魚躍鳶飛。

六七

峨冠大帶之士，一旦睹輕蓑小笠，飄飄然逸也，未必不動其諮嗟；長筵廣席之豪，一旦遇疏簾淨几，悠悠焉靜也，未必不增其綣戀。人奈何驅以火牛，誘以風馬，而不思自適其性哉？

六八

魚得水游而相忘乎水，鳥乘風飛而不知有風。識此可以超物累，可以樂天機。

六九

狐眠敗砌，兔走荒臺，盡是當年歌舞之地；露冷黃花，煙迷衰草，悉屬舊時爭戰之場。盛衰何常，強弱安在？念此令人心灰。

七〇

寵辱不驚，閒看庭前花開花落；去留無意，漫隨天外雲卷雲舒。

七一

晴空朗月，何天不可翱翔，而飛蛾獨投夜燭；清泉綠卉，何物不可飲啄，而鴟鴞偏嗜腐鼠。噫，世之不為飛蛾鴟鴞者，幾何人哉？

七二

才就筏便思捨筏，方是無事道人；若騎驢又復覓驢，終為不了禪師。

七三

權貴龍驤，英雄虎戰，以冷眼視之，如蟻聚羶，如蠅競血；是非蜂起、得失蝟興，以冷情當之，如冶化金，如湯消雪。

七四

羈鎖於物欲，覺吾生之可哀；夷猶於性真，覺吾生之可樂。知其可哀，則塵情立破，知其可樂，則聖境自臻。

七五

胸中既無半點物欲，已如雪消爐焰冰消日，眼前自有一段空明，時見月在青天影在波。

七六

詩思在灞陵橋上，微吟就，林岫便已浩然；野興在鏡湖曲邊，獨往時，山川自相映發。

七七

伏久者，飛必高；開先者，謝獨早。知此，可以免蹭蹬之憂，可以消躁急之念。

七八

樹木至歸根，而後知華蕚枝葉之徒榮；人事至蓋棺，而後知子女玉帛之無益。

七九

真空不空，執相非真，破相亦非真，問世尊如何發付？在世出世，徇欲是苦，絕欲亦是苦，聽吾儕善自修持。

八〇

烈士讓千乘，貪夫爭一文，人品星淵也，而好名不殊好利；天子營家國，乞人號饔飧，位分天壤也，而焦思何異焦聲？

八一

飽諳世味，一任覆雨翻雲，總慵開眼；會盡人情，隨教呼牛喚馬，只是點頭。

八二

今人專求無念，而終不可無。只是前念不滯，後念不迎，但將現在的隨緣打發得去，自然漸漸入無。

八三

意所偶會便成佳境，物出天然才見真機，若加一分調停布置，趣味便減矣。白氏云：「意隨無事適，風逐自然清。」有味哉，其言之也！

八四

性天澄徹，即飢餐渴飲，無非康濟身心；心地沉迷，縱談禪演偈，總是播弄精魂。

八五

人心有個真境，非絲非竹而自恬愉，不煙不茗而自清芬。須念淨境空，慮忘形釋，才得以游衍其中。

八六

金自鑛出，玉從石生，非幻無以求真；道得酒中，仙遇花裡，雖雅不能離俗。

八七

天地中萬物，人倫中萬情，世界中萬事，以俗眼觀，紛紛各異；以道眼觀，種種是常。何煩分別？何用取捨？

八八

神酣布被窩中，得天地沖和之氣；味足藜羹飯後，識人生澹泊之真。

八九

纏脫只在自心，心了，則屠肆糟廛【音同纏】，居然淨土。不然，縱一琴一鶴、一花一卉，嗜好雖清，魔障終在。語云：「能休塵境為真境，未了僧家是俗家。」信夫。

九〇

斗室中，萬慮都捐，說甚畫棟飛雲，珠簾捲雨；三杯後，一真自得，唯知素琴橫月，短笛吟風。

九一

萬籟寂寥中，忽聞一鳥弄聲，便喚起許多幽趣；萬卉摧剝後，忽見一枝擢秀，便觸動無限生機。可見性天未常枯槁，機神最宜觸發。

九二

白氏云：「不如放身心，冥然任天造。」晁氏云：「不如收身心，凝然歸寂定。」放者流為猖狂，收者入於枯寂，唯善操身心的，把柄在手，收放自如。

九三

當雪夜月天，心境便爾澄徹；遇春風和氣，意界亦自沖融。造化、人心，混合無間。

九四

文以拙進，道以拙成，一「拙」字有無限意味，如桃源犬吠、桑間雞鳴，何等淳龐。至於寒潭之月，古木之鴉，工巧中便覺有衰颯氣象矣。

九五

以我轉物者，得固不喜，失亦不憂，大地盡屬逍遙；以物役我者，逆固生憎，順亦生愛，一毛便生纏縛。

九六

理寂則事寂，遣事執理者，以去影留形；心空則境空，去境在心者，如聚羶卻蚋。

九七

幽人清事總在自適，故酒以不勸為歡，棋以不爭為勝，笛以無腔為適，琴以無弦為高，會以不期約為真率，客以不迎送為坦夷。若一牽文泥跡，便落塵世苦海矣！

九八

試思未生之前有何象貌，又思既死之後作何景色，則萬念灰冷，一性寂然，自可超物外，游象先。

九九

遇病而後思強之為寶，處亂而後思平之為福，非蚤智也。倖福而知其為禍之本，貪生而先知其為死之因，其卓見乎。

一〇〇

優人傅粉調硃，效妍醜於毫端，俄而歌殘場罷，妍醜何在？弈者爭先競後，較雌雄於著子，俄而局盡子收，雌雄安在？

一〇一

風花之瀟灑，雪月之空清，唯靜者為之主；水木之榮枯，竹石之消長，獨閒者操其權。

一〇二

田父野叟，語以黃雞白酒則欣然喜，問以鼎養則不知。語以縕袍短褐則油然樂，問以袞服則不識。其天全，故其欲淡，此是人生第一個境界。

一〇三

心無其心，何有於觀？釋氏曰「觀心」者，重增其障。物本一物，何待於齊？莊生曰「齊物」者，自剖其同。

一〇四

笙歌正濃處，便自拂衣長往，羡羡達人撒手懸崖；更漏已殘時，猶然夜行不休，笑俗士沉身苦海。

一〇五

把握未定，宜絕跡塵囂，使此心不見可欲而不亂，以澄吾靜體；操持既堅，又當混跡風塵，使此心見可欲而亦不亂，以養吾圓機。

一〇六

喜寂厭喧者，往往避人以求靜。不知意在無人，便成我相；心著於靜，便是動根。如何到得人我一視，動靜兩忘的境界？

一〇七

山居胸次清灑，觸物皆有佳思；見孤雲野鶴而起超絕之想，遇石澗流泉而動澡雪之思。撫老檜寒梅而勁節挺立，侶沙鷗麋鹿而機心頓忘。若一走入塵寰，無論物不相關，即此身亦屬贅旒【音同流】夷。

一〇八

興逐時來，芳草中撒履閒行，野鳥忘機時作伴；景與心會，落花下披襟兀坐，白雲無語漫相留。

一〇九

人生福境禍區皆念想造成，故釋氏云：「利欲熾然即是火坑，貪愛沉溺便為苦海。一念清淨，烈焰成池；一念警覺，船登彼岸。」念頭稍異，境界頓殊，可不慎哉。

一一〇

繩鋸木斷，水滴石穿，學道者須加力索；水到渠成，瓜熟蒂落，得道者一任天機。

一一一

機息時，便有月到風來，不必苦海人世；心遠處，自無車塵馬跡，何須痼疾丘山？

一一二

草木才零落，便露萌穎於根底；時序雖凝寒，終回陽氣於飛灰。肅殺之中，生生之意常為之主，即是可以見天地之心。

一一三

雨餘觀山色，景象便覺新妍；夜靜聽鐘聲，音響尤為清越。

一一四

登高使人心曠，臨流使人意遠。讀書於雨雪之夜，使人神清；舒嘯於丘阜之巔，使人興邁。

一一五

心曠則萬鍾如瓦缶，心隘則一髮似車輪。

一一六

無風月花柳不成造化，無情欲嗜好不成心體。只以我轉物，不以物役我、則嗜慾莫非天機，塵情即是理境矣。

一一七

就一身了一身者，方能以萬物付萬物；還天下於天下者，方能出世間於世間。

一一八

人生太閒，則別念竊生；太忙，則真性不現。故士君子不可不抱身心之憂，亦不可不耽風月之趣。

一一九

人心多從動處失真，若一念不生，澄然靜坐，雲興而悠然共逝，雨滴而冷然俱清，鳥啼而欣然有會，花落而瀟然自得。何地非真境？何物無真機？

一二〇

子生而母危，鏹【音同搶】積而盜窺，何喜非憂也；貧可以節用，病可以保身，何憂非喜也。故達人當順逆一視而欣戚兩忘。

一二一

耳根似飆谷投響，過而不留，則是非俱謝；心境如月池浸色，空而不著，則物我兩忘。

一二二

世人為榮利纏縛，動曰塵世苦海，不知雲白山青、川行石立、花迎鳥笑、谷答樵謳。世亦不塵，海亦不苦，彼自塵苦其心爾。

一二三

花看半開，酒飲微醉，此中大有佳趣。若至爛漫酕【音同毛】醄【音同陶】、便成惡境矣。

履盈滿者，宜思之。

一二四

山鱅不受世間灌溉，野禽不受世間豢養，其味皆香而且洌。吾人能不為世法所點染，其臭味不迥然別乎！

一二五

栽花種竹，玩鶴觀魚，亦要有段自得處。若徒留連光景，玩弄物華，亦吾儒之口耳，釋氏之頑空而已，有何佳趣？

一二六

山林之士，清苦而逸趣自饒；農野之夫，鄙略而天真渾具。若一失身市井駔儈，不若轉死溝壑，神骨猶清。

一二七

非分之福，無故之獲，非造物之釣餌，即人世之機阱。此處著眼不高，鮮不墮彼術中矣。

一二八

人生原是一傀儡，只要根蒂在手，一線不亂，卷舒自由，行止在我，一毫不受他人提掇，便超出此場中矣。

一二九

一事起則一害生，故天下常以無事為福。讀前人詩云：「勸君莫話封侯事，一將功成萬骨枯。」又云：「天下常令萬事平，匣中不惜千年死。」雖有雄心猛氣，不覺化為冰霰矣。

一三〇

淫奔之婦，矯而為尼；熱中之人，激而入道。清淨之門，常為淫邪之淵藪也如此。

一三一

波浪兼天，舟中不知懼，而舟外者寒心；猖狂罵坐，席上不知警，而席外者咋舌。故君子身雖在事中，心要超事外也。

一三二

人生減省一分，便超脫一分。如交游減，便免紛擾；言語減，便寡愆尤；思慮減，則精神不耗；聰明減，則混沌可完。彼不求日減而求日增者，真桎梏此生哉。

一三三

天運之寒暑易避，人世之炎涼難除；人世之炎涼易除，吾心之冰炭難去。去得此中之冰炭，則滿腔皆和氣，自隨地有春風矣。

一三四

茶不求精而壺亦不燥，酒不求冽而樽亦不空。素琴無弦而常調，短笛無腔而自適。縱難超越羲皇，亦可匹儔嵇阮。

一三五

釋氏「隨緣」，吾儒「素位」，四字是渡海的浮囊。蓋世路茫茫，一念求全，則萬緒紛起，隨寓而安，則無入不得矣。

小窗幽記

書序

昔人云：「一敢識盡人間好人，二敢讀盡世間好書。三敢看盡世間好山水。」或曰：「靜則安能，但身到處，莫放過耳。」旨哉言乎！余性懶，逢世一切炎熱爭逐之場，了不關情。唯是高山流水，任意所如，迂翠叢紫莽，竹林芳徑，偕二三知已，抱膝長嘯，悠然忘歸，加以名姝凝盼，素月入懷，輕謳緩板，遠韻孤簫，青山送黛，小鳥興歌，儕侶忘機，茗酒隨設，余心最歡樂不可極。若乃閉關卻掃，圖史雜陳，古人相對，百城往列，几榻之餘，絕不聞戶外事，則又如桃源人，尚不識漢世，又安論魏晉哉？此其樂，更未易一二為俗人言也。第才非夢鳥，學慚半豹，而以往神來，興會勃不能已，遂如司馬公案頭常置數簿，每遇嘉言格論、麗詞醒語，不問古今，隨口輒記。卷從部分，趣緣旨合。用澆胞中塊儡，一掃世態俗情。致取自娛，積而成帙。今秋，落魄京邸，睹此寂寂，使鄧禹笑人，未免有情，亦復誰能遣此？因共友人問雨花之址，尋采石之巖，江山歷落，使我懷古之情更深，酒出所手錄，快讀一過，恍覺百年幻泡，世事棋枰，向來塊儡，一時俱化。雖斷蛟剸筆之利，亦不過是。友人鼓掌叫絕曰：「此真熱鬧場，一劑清涼散矣！夫鏌邪鈍兮鉛刀割，君有筆兮殺無血，可題『劍掃』，付之剞劂。」予曰：「一編自手，率爾問世，得無為腹笥武庫者嗤乎？予笥不能盡書，余目不能盡笥，余乎不能盡目。安用此戔戔者？」友曰：「不然，青史澆腸，筏言洗胃。片語隻字，皆可會心。但莫放過，何以多為？」余唯唯。擬管書之，以識予逢世之拙。聊以斯篇寄趣云。

時甲子重陽

陸紹珩題

卷一　集醒

一　食中山之酒[①]，一醉千日。今世之昏昏逐逐，無一日不醉，無一人不醉。趨名者醉於朝，趨利者醉於野，豪者醉於聲色車馬，安得一服清涼散，人人解醒【音同呈】？集醒第一。

①中山之酒：晉．張華《博物志》：「昔劉玄石與中山酒家沽酒，酒家與千日酒，忘言其節度。歸至家當醉，而家人不知，以為死也，權葬之。酒家計千日滿，乃憶玄石前來沽酒，醉向醒耳。往視之。云：『玄石亡來三年，已葬。』於是開棺，醉始醒。俗云：『玄石飲酒，一醉千日。』」

二　倚才高而玩世，背後須防射影之蟲；飾厚貌以欺人，面前恐有照膽之鏡。

三　怪小人之顛倒豪傑，不知慣顛倒方為小人；惜吾輩之受世折磨，不知唯折磨乃見吾輩。

四　花繁柳密處撥得開，才是手段；風狂雨急時立得定，方見腳根。

五　澹泊之守，須從穠豔場中試來；鎮定之操，還向紛紜境上勘過。

六

市恩不如報德之為厚，要譽不如逃名之為適，矯情不如直節之為真。

七

使人有面前之譽，不若使人無背後之毀；使人有乍交之歡，不若使人無久處之厭。

八

攻人之惡毋太嚴，要思其堪受；教人以善莫過高，當原其可從。

九

不近人情，舉世皆畏途；不察物情，一生俱夢境。

一〇

遇嘿嘿【音同默】不語之士，切莫輸心；見悻悻自好之徒，應須防口。

一一

結纓整冠之態，勿以施之焦頭爛額之時；繩趨尺步之規，勿以用之救死扶傷之日。

一二

議事者身在事外，宜悉利害之情；任事者身居事中，當忘利害之慮。

一三

儉，美德也，過則為慳吝，為鄙嗇，反傷雅道；讓，懿行也，過則為足恭，為曲謙，多出機心。

一四

藏巧於拙，用晦而明；寓清於濁，以屈為伸。

一五

彼無望德，此無示恩，窮交所以能長；望不勝奢，欲不勝饜，利交所以必忤。

一六

怨因德彰，故使人德我，不若德怨之兩忘；仇因恩立，故使人知恩，不若恩仇之俱泯。

一七

天薄我福，吾厚吾德以迓【音同訝】之；天勞我形，吾逸吾心以補之；天厄我遇，吾亨吾道以通之。

一八

澹泊之士，必為穠豔者所疑；檢飾之人，必為放肆者所忌。事窮勢蹙之人，當原其初心；功成行滿之士，要觀其末路。

一九

好醜心太明，則物不契；賢愚心太明，則人不親。須是內精明而外渾厚，使好醜兩得其平，賢愚共受其益，才是生成的德量。

二〇

好辯以招尤，不若訒嘿[①]以怡性；廣交以延譽，不若索居以自全；厚費以多營，不若省事以守儉；逞能以受妒，不若韜精以示拙。[②]

①訒嘿：訒，音同認，難言。嘿，音同默，即「默」字。

②本條語出顧璘之〈座右銘〉。顧璘，號東橋，世稱「東橋先生」，明憲宗成化年間人，卒於嘉靖年間。官至宮部尚書，南京刑部尚書。其座右銘原文為：「言行擬之古人，則德進；功名付之天命，則心閒；報應念及子孫，則事平；受享慮及疾病，則用儉。好辯以招尤，不若訒默以怡性；廣交以延譽，不若索居以自全；厚費以多營，不若省事以守儉；逞能以誨妒，不若韜智以示拙。」

二一

費千金而結納賢豪，孰若傾半瓢之粟以濟飢餓；構千楹而招徠賓客，孰若葺數椽之茅以庇孤寒？

二二

恩不論多寡，當厄的壺漿，得死力之酬；[①]怨不在淺深，傷心的杯羹，召亡國之禍。[②]

①當厄的壺漿，得死力之酬：語出《左傳》。《左傳・宣公二年》：「初，宣子田於首山，舍於翳桑，見

靈輒餓，問其病。曰：『不食三日矣。』食之，舍其半。問之。曰：『宦三年矣，未知母之存否，今近焉，請以遺之。』使盡之，而為之簞食與肉，寘諸橐以與之。既而與為公介，倒戟以禦公徒而免之。問何故？對曰：『翳桑之餓人也。』問其名居，不告而退，遂自亡也。」

②傷心的杯羹，召亡國之禍：語出《左傳》。《左傳・宣公四年》：「楚人獻黿於鄭靈公。公子宋與子家將見。子公之食指動，以示子家，曰：『他日我如此，必嘗異味。』及入，宰夫將解黿，相視而笑。公問之，子家以告。及食大夫黿，召子公而弗與也。子公怒，染指於鼎，嘗之而出。公怒，欲殺子公。子公與子家謀先。子家曰：『畜老，猶憚殺之，而況君乎？』反譖子家。子家懼而從之。」

二三

仕途須赫奕，常思林下的風味，則權勢之念自輕；世途須紛華，常思泉下的光景，則利欲之心自淡。

二四

居盈滿者，如水之將溢未溢，切忌再加一滴；處危急者，如木之將折未折，切忌再加一搦。

二五

了心自了事，猶根拔而草不生；逃世不逃名，似羶存而蚋還集。

二六

情最難久，故多情人必至寡情；性自有常，故任性人終不失性。

二七

才子安心草舍者，足登玉堂；佳人適意蓬門者，堪貯金屋。

二八

喜傳語者，不可與語；好議事者，不可圖事。

二九

甘人之語，多不論其是非；激人之語，多不顧其利害。

三〇

真廉無廉名，立名者，正所以為貪；大巧無巧術，用術者，乃所以為拙。

三一

為惡而畏人知，惡中猶有善念；為善而急人知，善處即是惡根。

三二

談山林之樂者，未必真得山林之趣；厭名利之談者，未必盡忘名利之情。

三三

從冷視熱，然後知熱處之奔馳無益；從冗入閒，然後覺閒中之滋味最長。

三四

貧士肯濟人，才是性天中惠澤；鬧場能篤學，方為心地上功夫。

三五

伏久者，飛必高；開先者，謝獨早。

三六

貪得者身富而心貧，知足者身貧而心富，居高者形逸而神勞，處下者形勞而神逸。

三七

局量寬大，即住三家村裡，光景不拘；智識卑微，縱居五都市中，神情亦促。

三八

惜寸陰者，乃有凌鑠千古之志；憐微才者，乃有馳驅豪傑之心。

三九

天欲禍人，必先以微福驕之，要看他會受；天欲福人，必先以微禍儆之，要看他會救。

四〇

書畫受俗子品題，三生浩劫；鼎彝與市人賞鑒，千古奇冤。

四一

脫穎之才，處囊而後見①；絕塵之足，歷塊以方知。

①脫穎之才，處囊而後見：語出《史記．平原君虞卿列傳》：「平原君曰：『先生處勝之門下幾年於此矣？』毛遂曰：『三年於此矣。』平原君曰：『夫賢士之處世也，譬若錐之處囊中，其末立見。今先生處勝之門下三年於此矣，左右未有所稱誦，勝未有所聞，是先生無所有也。先生不能，先生留。』毛遂曰：『臣乃今日請處囊中耳。使遂蚤得處囊中，乃脫穎而出，非特其末見而已。』平原君竟與毛遂偕。」

四二

結想奢華，則所見轉多冷淡；實心清素，則所涉都厭塵紛。

四三

多情者，不可與定妍媸；多誼者，不可與定取與；多氣者，不可與定雌雄；多興者，不可與定去住。

四四

世人破綻處，多從周旋處見；指摘處，多從愛護處見；艱難處，多從貪戀處見。

四五

凡情留不盡之意，則味深；凡興留不盡之意，則趣多。

四六

待富貴人，不難有禮，而難有體；待貧賤人，不難有恩，而難有禮。

四七

山棲是勝事，稍一縈戀，則亦市朝；書畫賞鑒是雅事，稍一貪癡，則亦商賈；詩酒是樂事，稍一徇人[1]，則亦地獄；好客是豁達事，稍一為俗子所撓，則亦苦海。

①徇人：指迎合曲從、奉承他人。

四八

多讀兩句書，少說一句話。讀得兩行書，說得幾句話？

四九

看中人[1]，在大處不走作[2]；看豪傑，在小處不滲漏。

①中人：指一般人、平常人，中等程度的人。

②走作：出錯。

五〇

留七分正經，以度生；留三分癡呆，以防死。

五一

輕財足以聚人，律己足以服人，量寬足以得人，身先足以率人。

五二

從極迷處識迷，則到處醒；將難放懷一放，則萬境寬。

五三

大事難事，看擔當；逆境順境，看襟度；臨喜臨怒，看涵養；群行群止，看識見。

五四

安詳是處事第一法，謙退是保身第一法，涵容是處人第一法，灑脫是養心第一法。

五五

處事最當熟思緩處。熟思則得其情，緩處則得其當。

五六

必能忍人不能忍之觸忤，斯能為人不能為之事功。

五七

輕與必濫取，易信必易疑。[①]

①本條語出《薛文清公讀書錄》。

五八

積丘山之善，尚未為君子；貪絲毫之利，便陷於小人。

五九

智者不與命鬥，不與法鬥，不與理鬥，不與勢鬥。

六〇

良心在夜氣清明之候，真情在簞食豆羹之間。故以我索人，不如使人自反；以我攻人，不如使人自露。

六一

「俠」之一字，昔以之加義氣，今以之加揮霍，只在氣魄、氣骨之分。

六二

不耕而食，不織而衣，搖脣鼓舌，妄生是非[1]，故知無事人好為生事。

①此段語出於《莊子．盜跖》：「爾作言造語，妄稱文武，冠枝木之冠，帶死牛之脅，多辭繆說，不耕而食，不織而衣，搖脣鼓舌，擅生是非，以迷天下之主，使天下學士不反其本，妄作孝弟，而儌倖於封侯富貴者也。」

六三

才人經世，能人取世，曉人逢世，名人垂世，高人玩世，達人出世。

六四

寧為隨世之庸愚，勿為欺世之豪傑。

六五

沾泥帶水之累，病根在一「戀」字；隨方逐圓之妙，便宜在一「耐」字。

六六

天下無不好諛之人，故諂之術不窮；世間盡是善毀之輩，故讒人之路難塞。

六七

進善言，受善言，如兩來船，則相接耳。

六八

清福上帝所吝，而習忙可以銷福；清名上帝所忌，而得謗可以銷名。

六九

造謗者甚忙，受謗者甚閒。

七〇

蒲柳之姿，望秋而零；松柏之質，經霜彌茂。①

①本條語出《世說新語・言語》：「顧悅與簡文同年，而髮蚤白。簡文曰：『卿何以先白？』對曰：『蒲柳之姿，望秋而落；松柏之質，經霜彌茂。』」

七一

人之嗜名節，嗜文章，嗜遊俠，如好酒然，易動客氣，當以德消之。

七二

好談閨閫【音同捆】及好譏諷者，必為鬼神所怒，非有奇禍，則必有奇窮。

七三

神人之言微，聖人之言簡，賢人之言明，眾人之言多，小人之言妄。

七四

士君子不能陶熔人，畢竟學問中功力未到。

七五

有一言而傷天地之和，一事而折終身之福者，切須檢點。

七六

能受善言，如市人求利，寸積銖累，自成富翁。

七七

金帛多，只是博得垂死時子孫眼淚少，不知其他，知有爭而已；金帛少，只是博得垂死時子孫眼淚多，亦不知其他，知有哀而已。

七八

景不和，無以破昏蒙之氣；地不和，無以壯光華之色。

七九

一念之善，吉神隨之；一念之惡，厲鬼隨之。知此可以役使鬼神。

八〇

出一個喪元氣進士，不若出一個積陰德平民。

八一

眉睫纔交，夢裡便不能張主[1]；眼光落地，泉下又安得分明。

①張主：做主。

八二

佛只是個了，仙也是個了，聖人了了不知了。不知了了是了了，若知了了便不了。

八三

萬事不如杯在手，一年幾見月當空。

八四

憂疑杯底弓蛇[1]，雙眉且展；得失夢中蕉鹿[2]，兩腳空忙。

①杯底弓蛇：《晉書・樂廣傳》：「嘗有親客，久闊不復來，廣問其故，答曰：『前在坐，蒙賜酒，方欲飲，見杯中有蛇，意甚惡之，既飲而疾。』於時河南聽事壁上有角，漆畫作蛇，廣意杯中蛇即角影也。復置酒於前處，謂客曰：『酒中復有所見不？』答曰：『所見如初。』廣乃告其所以，客豁然意解，沉

jiong頓癒。」

②夢中蕉鹿：《列子・周穆公》：「鄭人有薪於野者，遇駭鹿，御而擊之，斃之。恐人見之也，遽而藏諸隍中，覆之以蕉，不勝其喜。俄而遺其所藏之處，遂以為夢焉。」

八五

名茶美酒，自有真味，好事者投香物佐之，反以為佳，此與高人韻士誤墮塵網中何異？

八六

花棚石磴，小坐微醺。歌欲獨，尤欲細；茗欲頻，尤欲苦。

八七

善嘿即是能語，用晦即是處明，混俗即是藏身，安心即是適境。

八八

雖無泉石膏肓，煙霞痼疾，要識山中宰相，天際真人。

八九

氣收自覺怒平，神斂自覺言簡，容人自覺味和，守靜自覺天寧。

九〇

處事不可不斬截，存心不可不寬舒，待己不可不嚴明，與人不可不和氣。

九一

居不必無惡鄰，會不必無損友，唯在自持者兩得之。

九二

要知自家是君子、小人？只於五更頭檢點思想的是什麼便見得。

九三

以理聽言，則中有主；以道窒欲，則心自清。

九四

先淡後濃，先疏後親，先遠後近，交友道也。

九五

苦惱世上，意氣須溫；嗜欲場中，肝腸欲冷。

九六

形骸非親，何況形骸外之長物；大地亦幻，何況大地內之微塵。

九七

人當溷【音同混】擾，則心中之境界何堪；人遇清寧，則眼前之氣象自別。

九八

寂而常惺[1]，寂寂之境不擾；惺而常寂，惺惺之念不馳。

①惺：清醒之意。

九九

童子智少，愈少而愈完；成人智多，愈多而愈散。

一〇〇

無事便思有閒雜念頭否，有事便思有粗浮意氣否；得意便思有驕矜辭色否，失意便思有怨望情懷否。時時檢點得到，從多入少，從有入無，才是學問的真消息。

一〇一

筆之用以月計，墨之用以歲計，硯之用以世計。筆最銳，墨次之，硯鈍者也。豈非鈍者壽，而銳者夭耶？筆最動，墨次之，硯靜者也。豈非靜者壽而動者夭乎？於是得養生焉。以鈍為體，以靜為用，唯其然是以能永年。

一〇二

貧賤之人，一無所有，及臨命終時，脫一「厭」字；富貴之人，無所不有，及臨命終時，帶一「戀」字。脫一「厭」字，如釋重負；帶一「戀」字，如擔枷鎖。

一〇三

透得名利關，方是小休歇；透得生死關，方是大休歇。

一〇四

人欲求道，須於功名上鬧一鬧方心死，此是真實語。

一〇五

病至，然後知無病之快；事來，然後知無事之樂。故禦病不如卻病，完事不如省事。

一〇六

諱貧者，死於貧，勝心使之也；諱病者，死於病，畏心蔽之也；諱愚者，死於愚，癡心覆之也。

一〇七

古之人，如陳玉石於市肆，瑕瑜不掩；今之人，如貨古玩於時賈，真偽難知。

一〇八

士大夫損德處，多由立名心太急。

一〇九

多躁者，必無沉潛之識；多畏者，必無卓越之見；多欲者，必無慷慨之節；多言者，必無篤實之心；多勇者，必無文學之雅。

一一〇

剖去胸中荊棘，以便人我往來，是天下第一快活世界。

一一一

古來大聖大賢，寸針相對；世上閒語，一筆勾銷。

一一二

揮灑以怡情，與其應酬，何如兀坐；書札以達情，與其工巧，何若直陳；棋局以適情，與其競勝，何若促膝；笑談以怡情，與其謔浪，何若狂歌。

一一三

「拙」之一字，免了無千罪過；「閒」之一字，討了無萬便宜。

一一四

斑竹半簾，唯我道心清似水；黃粱一夢，任他世事冷如冰。欲住世出世，須知機息機。

一一五

書畫為柔翰，故開卷張冊，貴於從容；文酒為歡場，故對酒論文，忌於寂寞。

一一六

榮利，造化特以戲人，一毫著意，便屬桎梏。

一一七

士人不當以世事分讀書，當以讀書通世事。

一一八

天下之事，利害常相半；有全利，而無小害者，唯書。

一一九

意在筆先，向庖羲細參《易》畫；慧生牙後，恍顏氏冷坐書齋。

一二〇

明識紅樓為無冢之丘壠，迷來認作捨生岩；真知舞衣為暗動之兵戈，快去暫同試劍石。

一二一

調性之法，須當似養花天；居才之法，切莫如妒花雨。

一二二

事忌脫空，人怕落套。

一二三

煙雲堆裡，浪蕩子逐日稱仙；歌舞叢中，淫欲身幾時得度。

一二四

山窮鳥道，縱藏花谷少流鶯；路曲羊腸，雖覆柳蔭難放馬。

一二五

能於熱地思冷，則一世不受凄涼；能於淡處求濃，則終身不落枯槁。

一二六

會心之語，當以不解解之；無稽之言，是在不聽聽耳。

一二七

佳思忽來，書能下酒；俠情一往，雲可贈人。

一二八

藹然可親，乃自溢之冲和，裝不出溫柔軟款；翹然難下，乃生成之倨傲，假不得遜順從容。

一二九

風流得意，則才鬼獨勝頑仙；孽債為煩，則芳魂毒於虐祟。

一三〇

極難處是書生落魄，最可憐是浪子白頭。

一三一

世路如冥，青天障蚩尤之霧；人情如夢，白日蔽巫女之雲。

一三二

密交，定有夙緣，非以雞犬盟也；中斷，知其緣盡，寧關萋菲間之。

一三三

堤防不築，尚難支移壑之虞；操存不嚴，豈能塞橫流之性。發端無緒，歸結還自支離；入門一差，進步終成恍惚。

一三四

打渾隨時之妙法，休嫌終日昏昏；精明當事之禍機，卻恨一生了了。

一三五

藏不得是拙，露不得是醜。

一三六

形同雋石，致勝冷雲，決非凡士；語學嬌鶯，態摹媚柳，定是弄臣。

一三七

開口輒生雌黃月旦之言，吾恐微言將絕，捉筆便驚。

一三八

風波肆險，以虛舟震撼，浪靜風恬；矛盾相殘，以柔指解分，兵銷戈倒。

一三九

豪傑向簡淡中求，神仙從忠孝上起。

一四〇

人不得道，「生死老病」四字關，誰能透過？獨美人名將，老病之狀，尤為可憐。

一四一

日月如驚丸，可謂浮生矣，唯靜臥是小延年；人事如飛塵，可謂勞攘矣，唯靜坐是小自在。

一四二

平生不作皺眉事，天下應無切齒人。

一四三

暗室之一燈，苦海之三老[①]；截疑網之寶劍，抉盲眼之金針。

①三老：指船夫、舵手。

一四四

攻取之情化，魚鳥亦來相親；悖戾之氣銷，世途不見可畏。

一四五

吉人安祥，即夢寐神魂，無非和氣；凶人狠戾，即聲音笑語，渾是殺機。

一四六

天下無難處之事，只要兩個如之何①；天下無難處之人，只要三個必自反②。

①兩個如之何：《史記．項羽本紀》：「張良是時從沛公，項伯乃夜馳之沛公軍，私見張良，具告以事，欲呼張良與俱去，曰：『毋從俱死也。』張良曰：『臣為韓王送沛公，沛公今事有急，亡去不義，不可不語。』良乃入，具告沛公。沛公大驚，曰：『為之奈何？』張良曰：『誰為大王為此計者？』曰：『鯫生說我曰：「距關，毋內諸侯，秦地可盡王也。」故聽之。』良曰：『料大王士卒足以當項王乎？』沛公默然，曰：『固不如也。且為之奈何？』張良曰：『請往謂項伯，言沛公不敢背項王也。』」

②三個必自反：《論語．學而》：「曾子曰：『吾日三省吾身：為人謀而不忠乎？與朋友交而不信乎？傳不習乎？』」

一四七

能脫俗便是奇，不合汙便是清。

一四八

處巧若拙，處明若晦，處動若靜。

一四九

參玄借以見性，談道借以修真。

一五〇

世人皆醒時做濁事，安得睡時有清身？若欲睡時得清身，須於醒時有清意。

一五一

好讀書非求身後之名，但異見異聞，心之所願。是以孜孜搜討，欲罷不能，豈為聲名勞七尺也。

一五二

一間屋，六尺地，雖沒莊嚴，卻也精緻；蒲做團，衣做被，日裡可坐，夜間可睡；燈一盞，香一炷，石磬數聲，木魚幾擊；龕常關，門常閉，好人放來，惡人迴避；髮不除，葷不忌，道人心腸，儒者服制；不貪名，不圖利，了清靜緣，做解脫計；無掛礙，無拘繫，閒便入來，忙便出去；省閒非，省閒氣，也不遊方，也不避世；在家出家，在世出世；佛何人？佛何處？此即上乘，此即三昧；日復日，歲復歲，畢我這生，任他後裔。

一五三

草色花香，遊人賞其真趣；桃開梅謝，達士悟其無常。

一五四

招客留賓，為歡可喜，未斷塵世之板援；澆花種樹，嗜好雖清，亦是道人之魔障。

一五五

人常想病時，則塵心便滅；人常想死時，則道念自生。

一五六

入道場而隨喜，則修行之念勃興；登丘墓而徘徊，則名利之心頓盡。

一五七

鑠金玷玉，從來不乏乎讒人；洗垢索瘢【音同搬】，尤好求多於佳士。止做秋風過耳，何妨尺霧障天。

一五八

真放肆不在飲酒高歌，假矜持偏於大庭賣弄；看明世事透，自然不重功名，認得當下真，是以常尋樂地。

一五九

富貴功名，榮枯得喪，人間驚見白頭；風花雪月，詩酒琴書，世外喜逢青眼。

一六〇

欲不除，似蛾撲燈，焚身乃止；貪無了，如猩嗜酒，鞭血方休。

一六一

涉江湖者，然後知波濤之洶湧；登山嶽者，然後知蹊徑之崎嶇。

一六二

人生待足，何時足？未老得閒，始是閒。

一六三

談空反被空迷，耽靜多為靜縛。

一六四

舊無陶令酒巾[①]，新撇張顛[②]書草。何妨與世昏昏，只問君心了了。

①陶令酒巾：《宋書．陶潛傳》：「貴賤造之者，有酒輒設，潛若先醉，便語客：『我醉欲眠，卿可去。』其真率如此。郡將候潛，值其酒熟，取頭上葛巾漉酒，畢，還復著之。」

②張顛：即張旭。字伯高，唐代吳人，為著名書法家，以草書最為知名，有「草聖」之稱。

一六五

以書史為園林，以歌詠為鼓吹，以理義為膏粱，以著述為文繡，以誦讀為菑畬[①]，以記問為居積[②]，以前言往行為師友，以忠信篤敬為修持，以作善降祥為因果，以樂天知命為西方。

①菑畬：菑，音同茲；畬，音同于。耕田種植。

②居積：囤積財物。

一六六
雲煙影裡見真身，始悟形骸為桎梏；禽鳥聲中聞自性，方知情識是戈矛。

一六七
事理因人言而悟者，有悟還有迷，總不如自悟之了了；意興從外境而得者，有得還有失，總不如自得之休休。

一六八
白日欺人，難逃清夜之愧赧；紅顏失志，空遺皓首之悲傷。

一六九
定雲止水中，有鳶飛魚躍的景象；風狂雨驟處，有波恬浪靜的風光。

一七〇
平地坦途，車豈無蹶；巨浪洪濤，舟亦可渡。料無事必有事，恐有事必無事。

一七一
富貴之家，常有窮親戚來往，便是忠厚。

一七二
朝市山林俱有事，今人忙處古人閒。

一七三

人生有書可讀，有暇得讀，有資能讀，又涵養之如不識字人，是謂善讀書者。享世間清福，未有過於此也。

一七四

世上人事無窮，越幹越做不了，我輩光陰有限，越閒越見清高。

一七五

兩刃相迎俱傷，兩強相敵俱敗。

一七六

我不害人，人不我害；人之害我，由我害人。

一七七

商賈不可與言義，彼溺於利；農工不可與言學，彼偏於業；俗儒不可與言道，彼謬於詞。

一七八

博覽廣識見，寡交少是非。

一七九

明霞可愛，瞬眼而輒空；流水堪聽，過耳而不戀。人能以明霞視美色，則業障自輕；人能以流水聽弦歌，則性靈何害。

一八〇

休怨我不如人，不如我者常眾；休誇我能勝人，勝如我者更多。

一八一

人心好勝，我以勝應必敗；人情好謙，我以謙處反勝。

一八二

人言天不禁人富貴，而禁人清閒，人自不閒耳。若能隨遇而安，不圖將來，不追既往，不蔽目前，何不清閒之有。

一八三

暗室貞邪誰見？忽而萬口喧傳。自心善惡炯然，凜於四王[1]考校。

①四王：指殷、周四王。

一八四

寒山詩云：「有人來罵我，分明了了知，雖然不應對，卻是得便宜。」此言宜深玩味。

一八五

恩愛，吾之仇也；富貴，身之累也。

一八六

馮驩之鋏彈老無魚；荊軻之筑擊來有淚。

一八七

以患難心居安樂，以貧賤心居富貴，則無往不泰矣；以淵谷視康莊，以疾病視強健，則無往不安矣。

一八八

有譽於前，不若無毀於後；有樂於身，不若無憂於心。

一八九

富時不儉貧時悔，潛時不學用時悔，醉後狂言醒時悔，安不將息病時悔。

一九〇

寒灰內，半星之活火；濁流中，一線之清泉。

一九一

攻玉於石，石盡而玉出；淘金於沙，沙盡而金露。

一九二

乍交不可傾倒，傾倒則交不終；久與不可隱匿，隱匿則心必崄。

一九三

丹之所藏者赤，墨之所藏者黑。

一九四

懶可臥，不可風；靜可坐，不可思；悶可對，不可獨；勞可酒，不可食；醉可睡，不可淫。

一九五

書生薄命原同妾，丞相憐才不論官。

一九六

少年靈慧，知抱夙根；今生冥頑，可卜來世。

一九七

撥開世上塵氣，胸中自無火炎冰兢；消卻心中鄙吝，眼前時有月到風來。

一九八

塵緣割斷，煩惱從何處安身；世慮潛消，清虛向此中立腳。市爭利，朝爭名，蓋棺日何物可殉篙里？春賞花，秋賞月，荷鍤時此身常醉蓬萊。

①鍤：音同查，土鍬。

一九九

駟馬難追，吾欲三緘其口；隙駒易過，人當寸惜乎陰。

二〇〇

萬分廉潔，止是小善；一點貪汙，便為大惡。

二〇一

炫奇之疾，醫以平易；英發之疾，醫以深沉；闊大之疾，醫以充實。

二〇二

才舒放即當收斂，才言語便思簡默。

二〇三

貧不足羞，可羞是貧而無志；賤不足惡，可惡是賤而無能；老不足嘆，可嘆是老而虛生；死不足悲，可悲是死而無補。

二〇四

身要嚴重，意要閒定，色要溫雅，氣要和平，語要簡徐，心要光明，量要闊大，志要果毅，機要縝密，事要妥當。

二〇五

富貴家宜學寬，聰明人宜學厚。

二〇六

休委罪於氣化，一切責之人事；休過望於世間，一切求之我身。

二〇七

世人白晝寐語，苟能寐中作白晝語，可謂常惺惺矣。

二〇八

觀世態之極幻，則浮雲轉有常情；咀世味之皆空，則流水翻多濃旨。

二〇九

大凡聰明之人，極是誤事。何以故？唯聰明生意見，意見一生，便不忍捨割。往往溺於愛河欲海者，皆極聰明之人。

二一〇

是非不到釣魚處，榮辱常隨騎馬人。

二一一

名心未化，對妻孥亦自矜莊；隱衷釋然，即夢寐皆成清楚。

二一二

觀蘇季子以貧窮得志，則負郭二頃田，誤人實多；觀蘇季子以功名殺身，則武安六國印，害人亦不淺。

二一三

名利場中，難容伶俐；生死路上，正要糊塗。

二一四

一杯酒留萬世名，不如生前一杯酒，自身行樂耳，遑恤其他；百年人做千年調，至今誰是百年人？一棺戢【音同即】身，萬事都已。

二一五

郊野非葬人之處，樓臺是為丘墓；邊塞非殺人之場，歌舞是為刀兵。試觀羅綺紛紛，何異旌旗密密；聽管弦冗冗，何異松柏蕭蕭。葬王侯之骨，能消幾處樓臺？落壯士之頭，經得幾番歌舞？達者統為一觀，愚人指為兩地。

二一六

節義傲青雲，文章高〈白雪〉，若不以德性陶熔之，終為血氣之私，技能之末。

二一七

我有功於人，不可念，而過則不可不念；人有恩於我，不可忘，而怨則不可不忘。

二一八

徑路窄處，留一步與人行；滋味濃的，減三分讓人嗜。此是涉世一極安樂法。

二一九

己情不可縱，當用逆之法制之，其道在一「忍」字；人情不可拂，當用順之法調之，其道在一「恕」字。

二二〇

昨日之非不可留，留之則根燼復萌，而塵情終累乎理趣；今日之是不可執，執之則渣滓未化，而理趣反轉為慾根。

二二一

文章不療山水癖，身心每被野雲羈。

卷二　集情

語云：「當為情死，不當為情怨。」明乎情者，原可死而不可怨者也。雖然，既云情矣，此身已為情有，又何忍死耶？然不死終不透徹耳。韓翃之柳，崔護之花，漢宮之流葉，蜀女之飄梧，令後世有情之人諮嗟想慕，托之語言，寄之歌詠；而奴無昆崙，客無黃衫，知己無押衙，同志無虞侯，則雖盟在海棠，終是陌路蕭郎耳。集情第二。

一

家勝陽臺，為歡非夢；人慚蕭史[①]，相偶成仙。輕扇初開，忻看笑靨。長眉始畫，愁對離妝。廣攝金屏，莫令愁擁。恆開錦幔，速望人歸。鏡臺新去，應餘落粉。熏爐未徙，定有餘煙。淚滴芳衾，錦花長濕。愁隨玉軫，琴鶴恆驚。錦水丹鱗，素書稀遠。玉山青鳥，仙使難通。彩筆試操，香箋遂滿。行雲可托，夢想還勞。九重千日，詎想倡家。單枕一宵，便如浪子。當令照影雙來，一鸞羞鏡；勿使推窗獨坐，嫦娥笑人。[②]

二

①蕭史：劉向《列仙傳》：「蕭史者，秦穆公時人也。善吹簫，能致孔雀、白鶴於庭。穆公有女，字弄玉，好之，公遂以女妻焉。日教弄玉作鳳鳴。居數年，吹似鳳聲，鳳凰來止其屋。公為作鳳臺，夫婦止其上，不下數年。一旦，皆隨鳳凰飛去。故秦人為作鳳女祠於雍宮中，時有簫聲而已。」

②本條語出南朝陳・伏知道〈為王寬與婦義安主書〉。

三

幾條楊柳，沾來多少啼痕；三疊〈陽關〉，唱徹古今離恨。

四

世無花月美人，不願生此世界。

五

荀令君[1]至人家，坐處留三日香。

①荀令君：字文若，漢潁陰人。初依附袁紹，繼歸曹操，任奮武司馬。後隨操破袁紹，伐劉表，而被擢為侍中，封萬歲亭侯。曾獻議迎漢獻帝都許，不久，任尚書令，參與軍國大事。後以阻曹操進爵魏公，飲藥卒。時人以其為操所重，稱之為荀令君。

六

罄南山之竹，寫意無窮；決東海之波，流情不盡[1]。愁如雲而長聚，淚若水以難乾。

①罄南山之竹，寫意無窮；決東海之波，流情不盡：語出《新唐書．李密傳》：「隋時李密移檄郡縣，數煬帝十罪曰：『罄南山之竹，書罪無窮；決東海之波，流惡難盡。』」

七

弄綠綺之琴，焉得文君之聽；濡彩毫之筆，難描京兆之眉[1]；瞻雲望月，無非悽愴之聲；弄柳拈花，盡是銷魂之處。

①京兆之眉：《漢書．張敞傳》：「敞為京兆，朝廷每有大議，引古今，處便宜，公卿皆服，天子數從之。然敞無威儀，時罷朝會，過走馬章臺街，使御吏驅，自以便面拊馬。又為婦畫眉，長安中傳張京兆眉憮。有司以奏敞。上問之，對曰：『臣聞閨房之內，夫婦之私，有過於畫眉者。』上愛其能，弗備責也。然終不得大位。」

八

悲火常燒心曲，愁雲頻壓眉尖。①

①本條語出唐．白居易〈朱陳村〉詩：「徐州古豐縣，有村曰朱陳。去縣百餘里，桑麻青氛氳。機梭聲札札，牛驢走紜紜。女汲澗中水，男採山上薪。縣遠官事少，山深人俗淳。有財不行商，有丁不入軍。家家守村業，頭白不出門。生為村之民，死為村之塵。田中老與幼，相見何欣欣。一村唯兩姓，世世為婚姻。親疏居有族，少長游有羣。黃雞與白酒，歡會不隔旬。生者不遠別，嫁娶先近鄰。死者不遠葬，墳墓多繞村。既安生與死，不苦形與神。所以多壽考，往往見玄孫。我生禮義鄉，少小孤且貧。徒學辨是非，祇自取辛勤。世法貴名教，士人重冠婚。以此自桎梏，信為大謬人。十歲解讀書，十五能屬文。二十舉秀才，三十為諫臣。下有妻子累，上有君親恩。承家與事國，望此不肖身。憶昨旅遊初，迨今十五春。孤舟三適楚，羸馬四經秦。晝行有飢色，夜寢無安魂。東西不暫住，來往若浮雲。離亂失故鄉，骨肉多散分。江南與江北，各有平生親。平生終日別，逝者隔年聞。朝憂臥至暮，夕哭坐達晨。悲火燒心曲，愁霜侵鬢根。一生苦如此，長羨村中民。」

九

五更三四點，點點生愁；一日十二時，時時寄恨。

一〇
燕約鶯期，變作鸞悲鳳泣；蜂媒蝶使，翻成綠慘紅愁。

一一
花柳深藏淑女居，何殊弱水三千；雨雲不入襄王夢，空憶十二巫山。

一二
枕邊夢去心亦去，醒後夢還心不還。

一三
萬里關河，鴻雁來時悲信斷；滿腔愁緒，子規啼處憶人歸。

一四
千疊雲山千疊愁，一天明月一天恨。

一五
豆蔻不消心上恨，丁香空結雨中愁。

一六
月色懸空，皎皎明明，偏自照人孤寂；蛩聲泣露，啾啾唧唧，都來助我愁思。

一七

慈悲筏，濟人出相思海；恩愛梯，接人下離恨天。

一八

費長房，縮不盡相思地；女媧氏，補不完離恨天。①

①本條語出明．楊慎〈秋懷．耍孩兒〉：「昨宵夢裡分明見，醒來時枕剩衾單。費長房縮不就相思地，女媧氏補不完離恨天。相思離恨知多少，煩惱淒涼有萬千。別淚銅壺共滴，愁腸蘭焰同煎。」

一九

孤燈夜雨，空把青年誤，樓外青山無數，隔不斷新愁來路。

二〇

黃葉無風自落，秋雲不雨長陰。天若有情天亦老，搖搖幽恨難禁，惆悵舊歡如夢，覺來無處追尋。

二一

蛾眉未贖，謾勞桐葉寄相思；潮信難通，空向桃花尋往跡。

二二

野花豔目，不必牡丹；村酒酣人，何須綠蟻。

二三

琴罷輒舉酒，酒罷輒吟詩。三友遞相引，循環無已時。[1]

①本條語出唐・白居易〈北窗三友〉詩：「今日北窗下，自問何所為。欣然得三友，三友者為誰。琴罷輒舉酒，酒罷輒吟詩。三友遞相引，循環無已時。一彈愜中心，一詠暢四肢。猶恐中有間，以酒彌縫之。豈獨吾拙好，古人多若斯。嗜詩有淵明，嗜琴有啟期。嗜酒有伯倫，三人皆吾師。或乏儋石儲，或穿帶索衣。絃歌復觴詠，樂道知所歸。三師去已遠，高風不可追。三友遊甚熟，無日不相隨。左擲白玉卮，右拂黃金徽。興酣不疊紙，走筆操狂詞。誰能持此詞，為我謝親知。縱未以為是，豈以我為非。」

二四

阮籍鄰家少婦有美色，當壚沽酒，籍常詣飲，醉便臥其側。隔簾聞墮釵聲而不動念者，此人不癡則慧。我幸在不癡不慧中。

二五

桃葉題情，柳絲牽恨。胡天胡帝，登徒於焉怡目；為雲為雨，宋玉因而蕩心。

二六

輕泉刀[1]若土壤，居然翠袖之朱家；重然諾如丘山，不忝紅妝之季布。

①泉刀：指銅錢。

二七

蝴蝶長懸孤枕夢，鳳凰不上斷弦鳴。

二八

吳妖小玉飛作煙，越豔西施化為土。①

①本條語出唐．白居易〈霓裳羽衣舞歌〉：「我昔元和侍憲皇，曾陪內宴宴昭陽。千歌百舞不可數，就中最愛霓裳舞。舞時寒食春風天，玉鉤欄下香案前。案前舞者顏如玉，不著人家俗衣服。虹裳霞帔步搖冠，鈿瓔累累佩珊珊。娉婷似不任羅綺，顧聽樂懸行復止。磬簫箏笛遞相攙，擊擫彈吹聲邐迤。散序六奏未動衣，陽臺宿雲慵不飛。中序擘騞初入拍，秋竹竿裂春冰拆。飄然轉旋迴雪輕，嫣然縱送游龍驚。小垂手後柳無力，斜曳裾時雲欲生。煙蛾斂略不勝態，風袖低昂如有情。上元點鬟招萼綠，王母揮袂別飛瓊。繁音急節十二遍，跳珠撼玉何鏗錚。翔鸞舞了卻收翅，唳鶴曲終長引聲。當時乍見驚心目，凝視諦聽殊未足。一落人間八九年，耳冷不曾聞此曲。湓城但聽山魈語，巴峽唯聞杜鵑哭。移領錢唐第二年，始有心情問絲竹。玲瓏箜篌謝好箏，陳寵觱篥沉平笙。清弦脆管纖纖手，教得霓裳一曲成。虛白亭前湖水畔，前後祇應三度按。便除庶子拋卻來，聞道如今各星散。今年五月至蘇州，朝鐘暮角催白頭。貪看案牘常侵夜，不聽笙歌直到秋。秋來無事多閒悶，忽憶霓裳無處問。聞君部內多樂徒，問有霓裳舞者無？答云七縣十萬戶，無人知有霓裳舞。唯寄長歌與我來，題作〈霓裳羽衣譜〉。四幅花箋碧間紅，霓裳實錄在其中。千姿萬狀分明見，恰與昭陽舞者同。眼前彷彿睹形質，昔日今朝想如一。疑從魂夢呼召來，似著丹青圖寫出。我愛霓裳君合知，發於歌詠形於詩。君不見我歌云，驚破霓裳羽衣曲。又不見我詩云，曲愛霓裳未拍時。由來能事皆有主，楊氏創聲君造譜。君言此舞難得人，須是傾城可憐女。吳妖小玉飛作煙，越豔西施化為土。嬌花巧笑久寂寥，娃館苧蘿空處所。如君所言誠有是，君試從容聽我語。若求國色始翻傳，但恐人間廢此舞。妍媸優劣寧相遠，大都只在人擡舉。李娟張態君莫嫌，亦擬隨宜且教取。」

二九

妙唱非關舌，多情豈在腰。

三〇

孤鳴翱翔以不去，浮雲黯靄而荏苒。

三一

楚王宮裡，無不推其細腰；魏國佳人，俱言訝其纖手。①

①本條語出南朝・徐陵〈玉臺新詠序〉。

三二

傳鼓瑟於楊家，得吹蕭於秦女。①

①本條語出南朝・徐陵〈玉臺新詠序〉。

三三

春草碧色，春水綠波，送君南浦，傷如之何？①

①本條語出南朝・江淹〈別賦〉。

三四

玉樹以珊瑚作枝，珠簾以玳瑁為押。①

①本條語出南朝・江淹〈別賦〉。

三五

東鄰巧笑，來侍寢於更衣；西子微顰，將橫陳於甲帳。①

①本條語出南朝．徐陵〈玉臺新詠序〉。

三六

騁纖腰於〈結風〉，奏新聲於度曲。妝鳴蟬之薄鬢，照墮馬之垂鬟。金星與婺女爭華，麝月共嫦娥競爽。驚鸞冶袖，時飄韓椽之香；飛燕長裾，宜結陳王之佩。輕身無力，怯南陽之擣衣；生長深宮，笑扶風之織錦。①

①本條語出南朝．徐陵〈玉臺新詠序〉。

三七

青牛帳裡，餘曲既終；朱鳥窗前，新妝已竟。①

①本條語出南朝．徐陵〈玉臺新詠序〉。

三八

山河綿邈，粉黛若新。椒華承彩，竟虛待月之簾；瘞【音同異】骨埋香，誰作雙鸞之霧。

三九

蜀紙麝煤添筆媚，越甌犀液發茶香。風飄亂點更籌轉，拍送繁弦曲破長。①

①本條語出唐．韓偓〈橫塘〉詩：「秋寒灑背入簾霜，鳳脛燈清照洞房。蜀紙麝煤沾筆興，越甌犀液發茶香。風飄亂點更籌轉，拍送繁弦曲破長。散客出門斜月在，兩眉愁思問橫塘。」

四〇

教移蘭燼頻羞影，自試香湯更怕深。初似染花難抑按，終憂沃雪不勝任。豈知侍女簾幃外，剩取君玉數餅金。①

①本條語出唐・韓偓〈詠浴〉詩：「再整魚犀攏翠簪，解衣先覺冷森森。教移蘭燭頻羞影，自試香湯更怕深。初似洗花難抑按，終憂沃雪不勝任。豈知侍女簾帷外，剩取君王數餅金。」

四一

靜中樓閣深春雨，遠處簾攏半夜燈。①

①本條語出唐・韓偓〈倚醉〉詩：「倚醉無端尋舊約，卻憐惆悵轉難勝。靜中樓閣深春雨。遠處簾櫳半夜燈。抱柱立時風細細，繞廊行處思騰騰。分明窗下聞裁剪，敲遍闌干喚不應。」

四二

綠屏無睡秋分簟，紅葉傷時月午樓。①

①本條語出唐・韓偓〈擁鼻〉詩：「擁鼻悲吟一向愁，寒更轉盡未回頭。綠屏無睡秋分簟，紅葉傷心月午樓。卻要因循添逸興，若為趨競愴離憂。殷勤憑仗官渠水，為到西溪動釣舟。」

四三

但覺夜深花有露，不知人靜月當樓，何郎燭暗誰能詠，韓壽香薰亦任偷。①

①本條語出唐・韓偓〈閨情〉詩：「輕風滴礫動簾鉤，宿酒猶酣懶卸頭。但覺夜深花有露，不知人靜月當樓。何郎燭暗誰能詠，韓壽香焦亦任偷。敲折玉釵歌轉咽，一聲聲作兩眉愁。」

四四

閬苑有書多附鶴，女牆無樹不棲鸞。星沉海底當窗見，雨過河源隔座看。①

①本條語出唐・李商隱〈碧沉〉詩：「碧城十二曲闌干，犀闢塵埃玉闢寒。閬苑有書多附鶴，女牀無樹不棲鸞。星潘海底當窗見，雨過河源隔座看。若是曉珠明又定，一生長對水晶盤。」

四五

風階拾葉，山人茶灶勞薪；月徑聚花，素士吟壇綺席。

四六

當場笑語，盡如形骸外之好人；背地風波，誰是意氣中之烈士？

四七

山翠撲簾，捲不起青蔥一片，樹陰流徑，掃不開芳影幾重。

四八

珠簾蔽月，翻窺窈窕之花；綺幔藏雲，恐礙扶疏之柳。

四九

幽堂晝深，清風忽來好伴；虛窗夜朗，明月不減故人。

五〇

多恨賦花，風瓣亂侵筆墨；含情問柳，雨絲牽惹衣裾。

五一

亭前楊柳，送盡到處遊人；山下蘼蕪，知是何時歸路？

五二

天涯浩渺，風飄四海之魂；塵土流離，灰染半生之劫。

五三

蝶憩香風，尚多芳夢；鳥沾紅雨，不任嬌啼。

五四

幽情化而石立①，怨風結而冢青②。千古空閨之感，頓令薄幸驚魂。

①幽情化而石立：語出南朝．劉義慶《幽明錄》：「武昌陽新縣北山上有望夫石，狀若人立。相傳：昔有貞婦，其夫從役，遠赴國難，婦攜弱子，餞送此山，立望夫而化為立石，因以為名焉。」

②怨風結而冢青：語出東漢．蔡邕《琴操．卷下．王昭君》：「昭君有子曰世違。單于死，子世違繼立。凡為胡者，父死妻母。昭君問世違曰：『汝為漢也，為胡也？』世違曰：『欲為胡耳。』昭君乃吞藥自殺。單于舉葬之。胡中多白草，而此冢獨青。」

五五

一片秋山，能療病客；半聲春鳥，偏喚愁人。

五六

李太白酒聖，蔡文姬書仙，置之一時，絕妙佳偶。

五七

華堂今日綺筵開，誰喚分司御史來？忽發狂言驚滿座，兩行紅粉一時回。①

①本條語出為唐．杜牧〈兵部尚書席上作〉詩。

五八

緣之所寄，一往而深。故人恩重，來燕子於雕梁；逸士情深，托鳧雛於春水。好夢難通，吹散巫山雲氣；仙緣未合，空探游女珠光。

五九

桃花水泛，曉妝宮裡膩胭脂；楊柳風多，墮馬髻中搖翡翠。

六〇

對妝則色殊，比蘭則香越。泛明彩於宵波，飛澄華於曉月。①

①本條語出南朝．鮑照〈芙蓉賦〉：「無長袖之容止，信不笑之空城。森紫葉以上擢，紛湘蕊而不傾。根雖割而琯徹，柯既解而絲縈。感盛衰之可懷，質始終而常清。故其為芳也綢繆，其為媚也奔發。對妝則色殊，比蘭則香越。泛明彩於宵波，飛澄華於曉月。陋荊姬之朱顏，笑夏女之光發。恨狎世而貽賤，愛存而賞沒。雖凌群以擅奇，終從歲而零歇。」

六一

紛弱葉而凝照，競新藻而抽英。①

①本條語出南朝・謝朓〈高松賦〉：「爾乃青春爰謝，雲物含明，江皋綠草，暖然已平，紛弱葉而凝照，競新藻而抽英，陵翠山其如翦，施懸羅而共輕。」（節錄）

六二

手巾還欲燥，愁眉即使開，逆想行人至，迎前含笑來。①

①本條語出北周・庾信〈蕩子賦〉：「蕩子辛苦逐征行，直守長城千里城。隴水恆冰合，關山唯月明。況復空床起怨，倡婦生離，紗窗獨掩，羅帳長垂，新箏不弄，長笛羞吹。常年桂苑，昔日蘭閨。羅敷總髮，弄玉初笄，新歌〈子夜〉，舊舞〈前溪〉。別後閨情無復情，奩前明鏡不須明。合歡無信寄，迴紋織未成。游塵滿床不用拂，細草橫階隨意生。前日漢使著章臺，聞道夫婿定應迴。手巾還欲燥，愁眉即剩開。逆想行人至，迎前含笑來。」

六三

逶迤洞房，半入宵夢；窈窕閒館，方增客愁。①

①本條語出唐・魏璀〈擣練賦〉：「佳人聽兮意何窮，步逍遙於涼景。暢容與於晴空，黃金釵兮碧雲發；白素巾兮青女月，佳人聽兮良示歇。擘長虹而乍開，凌倒景而將越。是時也，餘響未畢，微影方流。逶迤洞房，半入宵夢；窈窕閒館，方增客愁。李都尉以胡笳動泣，向子期以鄰笛增憂。古人獨感於聽，今者況兼乎秋；屬南昌舊福，東魯前邱。昇黃綬之堂，論文謝賈；入素王之廟，捧瑟齊由。願君無按龍泉色，誰道明珠不可投？」（節錄）

六四

懸媚子於搔頭，拭釵梁於粉絮。

①本條語出北周．庾信〈鏡賦〉：「鏡乃照膽照心，難逢難值。鏤五色之盤龍，刻千年之古字。山雞看而獨舞，海鳥見而孤鳴。臨水則池中月出，照日則壁上菱生。暫設妝奩，還抽鏡屜。競學生情，爭憐今世。鬢齊故略，眉平猶剃。飛花塼子，次第須安。朱開錦蹹，黛蘸油檀。脂和甲煎，澤漬香蘭。量髻鬢之長短，度安花之相去。懸媚子於搔頭，拭釵梁於粉絮。梳頭新罷照著衣，還從妝處取將歸。暫看弦系，懸知纈縵。衫正身長，裙斜假襻。真成個鏡特相宜，不能片時藏匣裡，暫出園中也自隨。」（節錄）

六五

臨風弄笛，欄杆上桂影一輪；掃雪烹茶，籬落邊梅花數點。

六六

銀燭輕彈，紅妝笑倚，人堪惜情更堪惜；困雨花心，垂陰柳耳，客堪憐春亦堪憐。

六七

肝膽誰憐，形影自為管鮑；脣齒相濟，天涯孰是窮交。興言及此，輒欲再廣絕交之論，重作署門之句。

六八

燕市之醉泣，楚帳之悲歌，岐路之涕零，窮途之慟哭。每一退念及此，雖在千載以後，亦感慨而興嗟。

六九

陌上繁華，兩岸春風輕柳絮；闈中寂寞，一窗夜雨瘦梨花。

七〇

芳草歸遲，青驄別易，多情成戀，薄命何嗟。要亦人各有心，非關女德善怨。

七一

山水花月之際，看美人更覺多韻。非美人借韻於山水花月也，山水花月直借美人生韻耳。

七二

深花枝，淺花枝，深淺花枝相間時，花枝難似伊；巫山高，巫山低，暮雨瀟瀟郎不歸，空房獨守時。

七三

青娥皓齒別吳倡，梅粉妝成半額黃；羅屏繡幔圍寒玉，帳裡吹笙學鳳凰。①

①本條語出宋．司馬槱〈洛春謠〉：「洛陽碧水揚春風，銅駝陌上桃花紅。高樓疊柳綠相向，綃帳金鑾香霧濃。龍裘公子五陵客，拳毛赤兔雙蹄白。金鉤寶玦逐飛香，醉入花叢惱花魄。青娥皓齒列吳倡，梅粉妝成半額黃。羅屏繡幕圍寒玉，帳裡吹笙學鳳凰。細綠圍紅曉烟濕，車馬騑騑雲櫛櫛。瓊蕊杯深琥珀濃，鴛鴦枕鏤珊瑚澀。吹龍笛，歌白紵，蘭席淋漓日將暮。君不見灞陵岸上楊柳枝，青青送別傷南浦。」

七四

初彈如珠後如縷，一聲兩聲落花雨。訴盡平生雲水心，盡是春花秋月語。

七五

春嬌滿眼睡紅綃，掠削雲鬟旋妝束。飛上九天歌一聲，二十五郎吹管逐。①

①本條語出唐・元稹〈連昌宮詞〉：「力士傳呼覓念奴，念奴潛伴諸郎宿。須臾覓得又連催，特敕街中許然燭。春嬌滿眼睡紅綃，掠削雲鬟旋裝束。飛上九天歌一聲，二十五郎吹管逐。逡巡大遍涼州徹，色色龜茲轟錄續。李謨擫笛傍宮牆，偷得新翻數般曲。」（節錄）

七六

琵琶新曲，無待石崇；箜篌雜引，非因曹植。①

①本條語出南朝・徐陵〈玉臺新詠序〉。

七七

休文腰瘦，羞驚羅帶之頻寬；賈女容銷，懶照蛾眉之常鎖。

七八

琉璃硯匣，終日隨身；翡翠筆牀，無時離手。清文滿篋，非唯芍藥之花；新製連篇，寧止蒲萄之樹。①

①本條語出南朝・徐陵〈玉臺新詠序〉。

七九

西蜀豪家，託情窮於〈魯殿〉；東儲甲館，流詠止於〈洞簫〉。①

①本條語出南朝・徐陵〈玉臺新詠序〉。

八〇

醉把杯酒，可以呑江南吳越之清風；拂劍長嘯，可以吸燕趙秦隴之勁氣。①

①本條語出宋・馬存〈贈蓋邦式序〉：「今天下之絕蹤詭觀，何以異於昔，子果能為我遊者乎？吾欲觀子矣。醉把杯酒，可以呑江南吳越之清風；拂劍長嘯，可以吸燕趙秦隴之勁氣，然後歸而治文著書，子畏子長乎？子長畏子乎？不然斷編敗冊，朝吟而暮誦之，吾不知所得矣。」（節錄）

八一

林花翻灑，乍飄颺於蘭皋；山禽囀響，時弄聲於喬木。①

①本條語出南朝・顧野王〈虎丘山序〉：「未有登高能賦，而韜斐麗之章，入谷忘歸，而忽鏗鏘之節，故總轡齊鑣，競雕蟲於山水，雲合霧集，爭歌頌於林泉，於時風清邃谷，景麗修巒，蘭佩堪紉，胡繩可索。林花翻灑，乍飄揚於蘭皋，山禽囀響，時弄聲於喬木，班草班荊，坐磻石之上，濯纓濯足，就滄浪之水，傾縹瓷而酌旨酒，剪綠葉而賦新詩，肅爾若與三徑齊蹤，鏘然似共九成偕韻，盛矣哉，聊述時事，寄之翰墨。」（節錄）

八二

長將姊妹叢中避，多愛湖山僻處行。

八三

未知枕上曾逢女，可認眉尖與畫郎。

八四

蘋風未冷催鴛別，沉檀盒子留雙結。千縷愁絲只數圍，一片香痕才半節。

八五

那忍重看娃鬢綠，終期一遇客衫黃。

八六

金錢賜侍兒，暗囑教休語。

八七

薄霧幾層推月出，好山無數渡江來。輪將秋動蟲先覺，換得更深鳥越催。

八八

花飛簾外憑箋訊，雨到窗前滴夢寒。

八九

檣標遠漢，昔時魯氏之戈[1]；帆影寒沙，此夜姜家之被[2]。

①魯氏之戈：語出《淮南子．覽冥》：「魯陽公與韓構難，戰酣日暮，援戈而撝之，日為之反三舍。」

②姜家之被：語出《後漢書・姜肱傳》：「姜肱字伯淮，彭城廣戚人也。家世名族。肱與二弟仲海、季江，俱以孝行著聞。其友愛天至，常共臥起。及各娶妻，兄弟相戀，不能別寢，以係嗣當立，乃遞往就室。」

九〇

填愁不滿吳娃井，剪紙空題蜀女祠。

九一

良緣易合，紅葉亦可為媒；知己難投，白璧未能獲主。

九二

填平湘岸都栽竹，截住巫山不放雲。

九三

鴨為憐香死，鴛因泥睡癡。

九四

紅印山痕春色微，珊瑚枕上見花飛，煙鬟繚亂香雲濕，疑向襄王夢裡歸。

九五

零亂如珠為點妝，素輝乘月濕衣裳，只愁天酒傾如斗，醉卻環姿傍玉床。

九六

有魂落紅葉，無骨鎖青鬟。

九七

書題蜀紙愁難浣，雨歇巴山話亦陳。

九八

盈盈相隔愁追隨，誰為解語來香帷。

九九

斜看兩鬟垂，儼似行雲嫁。

一〇〇

欲與梅花鬥寶妝，先開嬌豔逼寒香，只愁冰骨藏珠屋，不似紅衣待玉郎。

一〇一

從教弄酒春衫浣，別有風流上眼波。①

①本條語出宋．李元膺〈十憶〉詩：「綠蟻頻摧未厭多，帕羅香軟襯金荷。從教弄酒春衫浣，別有風流上眼波。」

一〇二

聽風聲以興思，聞鶴唳以動懷。企莊生之逍遙，慕尚子之清曠。

①本條語出北朝．祖鴻勳〈與楊休之書〉：「陽生大弟：吾比以家貧親老，時還故郡。在本縣之西界，有雕山焉。其處閒遠，水石清麗，高岩四匝，良田數頃。家先有野舍於斯，而遭亂荒廢，今復經始。即石成基，憑林起棟。蘿生映宇，泉流繞階，月松風草，緣庭綺合；日華雲實，旁沼星羅。簷下流煙，共霄氣而舒卷；園中桃李，雜松柏而蔥蒨。時一牽裳涉澗，負杖登峰，心悠悠以孤上，身飄飄而將逝，杳然不復自知在天地間矣。若此者久之，乃還所住。孤坐危石，撫琴對水；獨詠山阿，舉酒望月。聽風聲以興思，聞鶴唳以動懷。企莊生之逍遙，慕尚子之清曠。首戴萌蒲，身衣縕袯。出藝粱稻，歸奉茲親。緩步當車，無事為貴。斯已適矣。豈必撫塵哉。」（節錄）

一〇三

燈結細花成穗落，淚題愁字帶痕紅。

一〇四

無端飲卻相思水，不信相思想殺人。

一〇五

漁舟唱晚，響窮彭蠡之濱；雁陣驚寒，聲斷衡陽之浦。①

①本條語出唐．王勃〈滕王閣序〉：「披繡闥，俯雕甍。山原曠其盈視，川澤紆其駭矚。閭閻撲地，鐘鳴鼎食之家；舸艦迷津，青雀黃龍之舳。雲銷雨霽，彩徹區明。落霞與孤鶩齊飛，秋水共長天一色。漁舟唱晚，響窮彭蠡之濱；雁陣驚寒，聲斷衡陽之浦。」（節錄）

一〇六

爽籟發而清風生，纖歌凝而白雲遏。①

①本條語出唐・王勃〈滕王閣序〉：「遙襟甫暢，逸興遄飛。爽籟發而清風生，纖歌凝而白雲遏。睢園綠竹，氣凌彭澤之樽；鄴水朱華，光照臨川之筆。四美具，二難並。窮睇眄於中天，極娛遊於暇日。天高地迥，覺宇宙之無窮；興盡悲來，識盈虛之有數。望長安於日下，目吳會於雲間。地勢極而南溟深，天柱高而北辰遠。關山難越，誰悲失路之人；萍水相逢，盡是他鄉之客。懷帝閽而不見，奉宣室以何年。」（節錄）

一〇七

杏子輕紗初脫暖，梨花深院自多風。①

①本條語出明・唐寅〈和石田先生落花詩・其十二〉：「春來赫赫去匆匆，刺眼繁華轉眼空。杏子單衫初脫暖，梨花深院自多風。燒燈坐盡千金夜，對酒空思一點紅。倘是東君問魚雁，心情說在雨聲中。」

卷三　集峭

一

今天下皆婦人矣，封疆縮其地，而中庭之歌舞猶喧；戰血枯其人，而滿座之貂貚自若。我輩書生，既無誅賊討亂之柄，而一片報國之忱，唯於寸楮尺字間見之，使天下之須眉而婦人者，亦聳然有起色。集峭第三。

二

忠孝吾家之寶，經史吾家之田。

三

閒到白頭真是拙，醉逢青眼不知狂。

四

興之所到，不妨嘔出驚人心，故不然，也須隨場作戲。

五

放得俗人心下，方可為丈夫；放得丈夫心下，方名為仙佛；放得仙佛心下，方名為得道。

六

吟詩劣於講學，罵座惡於足恭。兩而揆之，寧為薄幸狂夫，不作厚顏君子。

七

觀人題壁，便識文章。

八

寧為真士夫，不為假道學；寧為蘭摧玉折，不作蕭敷艾榮[1]。

①寧為蘭摧玉折，不作蕭敷艾榮：此語出於《世說新語．言語》：「毛伯成既負其才氣，常稱：『寧為蘭摧玉折，不作蕭敷艾榮。』」

九

隨口利牙，不顧天荒地老；翻腸倒肚，那管鬼哭神愁。

一〇

身世浮名，余以夢蝶視之，斷不受肉眼相看。

一一

達人撒手懸崖，俗子沉身苦海。

一二

銷骨口中，生出蓮花九品；鑠金舌上，容他鸚鵡千言。

一三

少言語以當貴，多著述以當富；載清名以當車，咀英華以當肉。

一四

竹外窺鳥，樹外窺山，峰外窺雲，難道我有意無意；鶴來窺人，月來窺酒，雪來窺書，卻看他有情無情。

一五

體裁如何？出月隱山；情景如何？落日映嶼；氣魄如何？收露斂色；議論如何？回飆拂渚。

一六

有大通必有大塞，無奇遇必無奇窮。

一七

霧滿楊溪，玄豹山間偕日月；雲飛翰苑，紫龍天外借風雷。西山霽雪，東嶽含煙。駕鳳橋以高飛，登雁塔而遠眺。

一八

一失腳為千古恨，再回頭是百年人。①

①本條語出元．陶宗儀《說郛》：「錢狀元福，才高一世，然頗狂縱不檢，既被劾去，有詩曰：『一失是為天下笑，再回頭是百年人。』」

一九

居軒冕之中，不可無山林的氣味；處林泉之下，須常懷廊廟的經綸。

二〇

學者要有兢業的心思，又要有瀟灑的趣味。

二一

平民種德施惠，是無位之卿相；仕夫貪財好貨，乃有爵的乞人。

二二

煩惱場空，身住清涼世界；營求念絕，心歸自在乾坤。

二三

覷破興衰究竟，人我得失冰消；閱盡寂寞繁華，豪傑心腸灰冷。

二四

名衲談禪，必執經升座，便滅三分禪理。

二五

窮通之境未遭，主持之局已定；老病之勢未催，生死之關先破。求之今世，誰堪語此？

二六

一紙八行，不遇寒溫之句；魚腹雁足，空有往來之煩。是以嵇康不作[1]，嚴光口傳[2]，豫章擲之水中[3]，陳泰掛之壁上[4]。

①嵇康不作：嵇康〈與山巨源絕交書〉：「又人倫有禮，朝廷有法，自惟至熟，有必不堪者七，甚不可者二：臥喜晚起，而當關呼之不置，一不堪也。抱琴行吟，弋釣草野，而吏卒守之，不得妄動，二不堪也。危坐一時，痹不得搖，性復多蝨，把搔無已，而當裡以章服，揖拜上官，三不堪也。素不便書，又不喜作書，而人間多事，堆案盈機，不相酬答，則犯教傷義，欲自勉強，則不能久，四不堪也。不喜弔喪，而人道以此為重，已為未見恕者所怨，至欲見中傷者；雖瞿然自責，然性不可化，欲降心順俗，則詭故不情，亦終不能獲無咎無譽如此，五不堪也。不喜俗人，而當與之共事，或賓客盈坐，鳴聲聒耳，囂塵臭處，千變百伎，在人目前，六不堪也。心不耐煩，而官事鞅掌，機務纏其心，世故煩其慮，七不堪也。」（節錄）

②嚴光口傳：《後漢書・嚴光傳》：「帝疑其光，乃備安車玄纁，遣使聘之。三反而後至。舍於北軍，給床褥，太官朝夕進膳。司徒侯霸與光素舊，遣使奉書。使人因謂光曰：『公聞先生至，區區欲即詣造，迫於典司，是以不獲。願因日暮，自屈語言。』光不答，乃投札與之，口授曰：『君房足下，位至鼎足，甚善。懷仁輔義天下悅，阿諛順旨要領絕。』霸得書，封奏之。帝笑曰：『狂奴故態也。』」

③豫章擲之水中：《世說新語・任誕》：「殷洪喬作豫章郡，臨去，都下人因附百許函書。既至石頭，悉擲水中，因祝曰：『沉者自沉，浮者自浮，殷洪喬不能作致書郵。』」

④陳泰掛之壁上：《三國志・魏書・陳泰傳》：「青龍中，除散騎侍郎。正始中，徙游擊將軍，為并州刺史，加振威將軍，使持節，護匈奴中郎將，懷柔夷民，甚有威惠。京邑貴人多寄寶貨，因泰市奴婢，泰皆掛之於壁，不發其封，及徵為尚書，悉以還之。」

二七

枝頭秋葉，將落猶然戀樹；簷前野鳥，除死方得離籠。人之處世，可憐如此。

二八

士人有百折不回之真心，才有萬變不窮之妙用。

二九

立業建功，事事要從實地著腳，若少慕聲聞，便成偽果。講道修德，念念要從虛處立基，若稍計功效，便落塵情。

三〇

執拗者福輕，而圓融之人其祿必厚；操切者壽夭，而寬厚之士其年必長。故君子不言命，養性即所以立命；亦不言天，盡人自可以回天。

三一

才智英敏者，宜以學問攝其躁；氣節激昂者，當以德性融其偏。

三二

蒼蠅附驥，捷則捷矣，難辭處後之羞；蔦蘿依松，高則高矣，未免仰攀之恥。所以君子寧以風霜自挾，毋為魚鳥親人。

三三

伺察以為明者，常因明而生暗，故君子以恬養智；奮迅以求速者，多因速而致遲，故君子以重持輕。

三四

有面前之譽易，無背後之毀難；有乍交之歡易，無久處之厭難。

三五

宇宙內事，要擔當，又要善擺脫。不擔當，則無經世之事業；不擺脫，則無出世之襟期。

三六

待人而留有餘不盡之恩，可以維繫無厭之人心；御事而留有餘不盡之智，可以提防不測之事變。

三七

無事如有事時提防，可以弭意外之變；有事如無事時鎮定，可以銷局中之危。

三八

愛是萬緣之根，當知割捨；識是眾欲之本，要力掃除。

三九

舌存，常見齒亡，剛強終不勝柔弱；戶朽，未聞樞蠹，偏執豈及圓融。

四〇

榮寵旁邊辱等待，不必揚揚；困窮背後福跟隨，何須戚戚。看破有盡身軀，萬境之塵緣自息；悟入無懷境界，一輪之心月獨明。

四一

霜天聞鶴唳，雪夜聽雞鳴，得乾坤清絕之氣；晴空看鳥飛，活水觀魚戲，識宇宙活潑之機。

四二

斜陽樹下，閒隨老衲清談；深雪堂中，戲與騷人白戰[1]。

①白戰：空手相搏。宋．蘇軾〈聚星堂雪〉詩：「當時號令君聽取，白戰不許持寸鐵。」

四三

山月江煙，鐵笛數聲，便成清賞；天風海濤，扁舟一葉，大是奇觀。

四四

秋風閉戶，夜雨挑燈，臥讀〈離騷〉淚下；霽日尋芳，春宵載酒，閒歌樂府神怡。

四五

雲水中載酒，松篁裡煎茶，豈必鑾坡侍宴；山林下著書，花鳥間得句，何須鳳沼揮毫。

四六

人生不好古，象鼎犧樽，變為瓦缶；世道不憐才，鳳毛麟角，化作塵土。

四七

要做男子，須負剛腸；欲學古人，當堅苦志。

四八

風塵善病，伏枕處一片青山；歲月長吟，操觚【音同孤】時千篇〈白雪〉。

四九

親兄弟折箸，璧合翻作瓜分；士大夫愛錢，書香化為銅臭。心為形役，塵世馬牛；身被名牽，樊籠雞鶩。

五〇

懶見俗人，權辭托病；怕逢塵事，詭跡逃禪。

五一

人不通古今，襟裾馬牛；士不曉廉恥，衣冠狗彘。

五二

道院吹笙，松風裊裊；空門洗缽，花雨紛紛。

五三

囊無阿堵[1]，豈便求人；盤有水晶[2]，猶堪留客。

①阿堵：《世說新語．規箴》：「王夷甫雅尚玄遠，常疾其婦貪濁，口未嘗言『錢』字。婦欲試之，令婢以錢遶床，不得行。夷甫晨起，見錢閡行，呼婢曰：『舉阿堵物。』」

②水晶：一種晶瑩如水晶般的鹽，又稱「水精鹽」。唐．李白〈題東溪公幽居〉詩：「客到但知留一醉，

盤中只有水晶鹽。」

五四

種兩頃負郭田，量晴較雨；尋幾個知心友，弄月嘲風。

五五

著屐登山，翠微中獨逢老衲；乘桴浮海，雪浪裡群傍閒鷗。

五六

才士不妨泛駕，轅下駒吾弗願也；諍臣豈合摸稜，殿上虎[1]君無尤焉。

①殿上虎：《宋史．劉安世傳》：「（劉安世）在職累歲，正色立朝，扶持公道。其面折廷爭，或帝盛怒，則執簡卻，伺怒稍解，復前抗辭。旁侍者遠觀，蓄縮悚汗，目之曰『殿上虎』。」

五七

荷錢榆莢，飛來都作青蚨【音同夫】；柔玉溫香，觀想可成白骨。

五八

旅館題蕉，一路留來魂夢譜；客途驚雁，半天寄落別離書。

五九

歌兒帶煙霞之致，舞女具丘壑之資。生成世外風姿，不慣塵中物色。

六〇

今古文章，只在蘇東坡鼻端定優劣；一時人品，卻從阮嗣宗眼內別雌黃[1]。魑魅滿前，笑著阮家無鬼論[2]；炎囂閱世，愁披劉氏〈北風圖〉[3]。氣奪山川，色結煙霞。

①阮嗣宗眼內別雌黃：《世說新語・簡傲》：「（阮）籍能為青白眼，見凡俗之士，以白眼對之。及（嵇）喜往，籍不哭，見其白眼，喜不懌而退。（嵇）康聞之，乃齎酒挾琴而造之，遂相與善。」

②阮家無鬼論：《晉書・阮瞻傳》：「永嘉中，為太子舍人。瞻素執無鬼論，物莫能難，每自謂此理足可以辯正幽明。忽有一客通名詣瞻，寒溫畢，聊談名理。客甚有才辯，瞻與之言，良久及鬼神之事，反覆甚苦。客遂屈，乃作色曰：『鬼神，古今聖賢所共傳，君何得獨言無？即僕便是鬼。』於是變為異形，須臾消滅。瞻默然，意色大惡。後歲餘，病卒於倉垣，時年三十。」

③劉氏〈北風圖〉：《博物志》：「漢劉褒畫雲漢圖，見者覺熱，又畫北風圖，見者覺寒。」

六一

詩思在灞陵橋上，微吟處，林岫便已浩然；野趣在鏡湖曲邊，獨往時，山川自相映發。

六二

至音不合眾聽，故伯牙絕弦；至寶不同眾好，故卞和泣玉。

六三

看文字，須如猛將用兵，直是鏖戰一陣；亦如酷吏治獄，直是推勘到底，絕不恕他。[1]

①本條語出《朱子語類》。

六四

名山乏侶，不解壁上芒鞋；好景無詩，虛攜囊中錦字。

六五

遼水無極，雁山參雲，閨中風暖，陌上草薰。①

②本條語出江淹〈別賦〉。

六六

秋露如珠，秋月如圭；明月白露，光陰往來；與子之別，思心徘徊。

①本條語出江淹〈別賦〉。

六七

聲應氣求之夫，決不在於尋行數墨之士；風行水上之文，決不在於一字一句之奇。

六八

借他人之酒杯，澆自己之磊魂①。

①磊魂：眾多山石累積的樣子。唐．杜甫〈三川觀水漲二十韻〉：「枯查卷拔樹，磊魂共充塞。」

六九

春至不知湘水深，日暮忘卻巴陵道。

七〇

奇曲雅樂，所以禁淫也；錦繡黼黻，所以禦暴也。縟則太過，是以檀卿刺鄭聲，周人傷北里。①

①本條語出戰國・宋玉〈笛賦〉。

七一

靜若清夜之列宿，動若流彗之互奔。①

①本條語出晉・蔡洪〈圍棋賦〉。

七二

振駿氣以擺雷，飛雄光以倒電。①

①本條語出南朝・張融〈海賦〉。

七三

停之如棲鵠，揮之如驚鴻，飄纓蕤於軒幌，發暉曜於群龍。①

①本條語出晉・張載〈扇賦〉。

七四

始緣甍【音同盟】而冒棟，終開簾而入隙；初便娟於墀廡，未縈盈於帷席。①

①本條語出晉・謝惠連〈雪賦〉。

七五

雲氣蔭於叢著【音同師】，金精養於秋菊。落葉半床，狂花滿屋。①

①本條語出北朝・庾信〈小園賦〉。

七六

雨送添硯之水，竹供掃榻之風。

七七

血三年而藏碧，魂一變而成虹。①

①本條語出唐・駱賓王〈螢火賦〉。

七八

舉黃花而乘月豔，籠黛葉而卷雲嬌。①

①本條語出唐・王勃〈七夕賦〉。

七九

垂輪簾外，疑鉤勢之重懸；透影窗中，若鏡光之開照。①

①本條語出唐・鄭遙〈明月照高樓賦〉。

八〇

疊輕蕊而矜暖，布重泥而訝濕；跡似連珠，形如聚粒。霽光分曉，出虛竇以雙飛；微陰合瞑，舞低簷而並入。①

①本條語出唐・樊晦〈燕巢賦〉。

八一

任他極有見識，看得假認不得真；隨你極有聰明，賣得巧藏不得拙。

八二

傷心之事，即懦夫亦動怒髮；快心之舉，雖愁人亦開笑顏。

八三

論官府不如論帝王，以佐史臣之不逮；談閨閫不如談豔麗，以補風人之見遺。

八四

是技皆可成名天下，唯無技之人最苦；片技即足自立天下，唯多技之人最勞。

八五

傲骨、俠骨、媚骨，即枯骨可致千金；冷語、雋語、韻語，即片語亦重九鼎。

八六

議生草莽無輕重，論到家庭無是非。

八七

聖賢不白之衷，托之日月；天地不平之氣，托之風雷。

八八

風流易蕩，佯狂近顛。

八九

書載茂先三十乘①，便可移家；囊無子美一文錢②，盡堪結客。

①書載茂先三十乘：《晉書．張華傳》：「（張華）雅愛書籍，身死之日，家無餘財，唯有文史溢於几篋。嘗徙居，載書三十乘。」

②囊無子美一文錢：唐．杜甫〈空囊〉詩：「柏苦猶食，晨霞高可餐。世人共鹵莽，吾道屬艱難。不爨井晨凍，無衣床夜寒。囊空恐羞澀，留得一錢看。」

九〇

有作用者，器宇定是不凡；有受用者，才情決然不露。夫人有短，所以見長。

九一

松枝自是幽人筆，竹葉常浮野客杯。

九二

且與少年飲美酒，往來射獵西山頭。①

①本條語出唐・高適〈邯鄲少年行〉：「邯鄲城南遊俠子，自矜生長邯鄲里。千場縱博家仍富，幾度報仇身不死。宅中歌笑日紛紛，門外車馬常如雲，未知肝膽向誰是，今人卻憶平原君。君不見即今交態薄，黃金用盡還疏索。以茲感歎辭舊游，更於時事無所求。且與少年飲美酒，往來射獵西山頭。」

九三

好山當戶天呈畫，古寺為鄰僧報鐘。

九四

瑤草與芳蘭而並茂，蒼松齊古柏以增齡。

九五

群鴻戲海，野鶴遊天。

卷四 集靈

一

天下有一言之微而千古如新，一字之義而百世如見者，安可泯滅之？故風雷雨露，天之靈；山川名物，地之靈；語言文字，人之靈；罣【音同異】三才之用，無非一靈以神其間，而又何可泯滅之？集靈第四。

二

投刺空勞，原非生計；曳裾自屈，豈是交遊？

三

事遇快意處當轉，言遇快意處當住。

四

儉為賢德，不可著意求賢；貧是美稱，只是難居其美。

五

志要高華，趣要澹泊。

六

眼裡無點灰塵，方可讀書千卷；胸中沒些渣滓，才能處世一番。

七

眉上幾分愁，且去觀棋酌酒；心中多少樂，只來種竹澆花。

八

茅屋竹窗，貧中之趣，何須腳到李侯門；草帖畫譜，閒裡所需，直憑心遊楊子宅。

九

好香用以薰德，好紙用以垂世，好筆用以生花，好墨用以煥彩，好茶用以滌煩，好酒用以消憂。

一〇

聲色娛情，何若淨几窗明，一坐息頃；利榮馳念，何若名山勝景，一登臨時。

一一

竹籬茅舍，石屋花軒，松柏群吟，藤蘿翳景；流水繞戶，飛泉掛簷；煙霞欲棲，林壑將瞑。中處野叟山翁四五，予以閒身作此中主人，坐沉紅燭，看遍青山，消我情腸，任他冷眼。

一二

問婦索釀，甕有新蒭【音同雛】；呼童煮茶，門臨好客。

一三

花前解佩，湖上停橈。弄月放歌，採蓮高醉；晴雲微裊，漁笛滄浪，華句一垂，江山共峙。①

①本條語出明．宗臣〈報徐養浩書〉。

一四

胸中有靈丹一粒，方能點化俗情，擺脫世故。

一五

獨坐丹房，瀟然無事，烹茶一壺，燒香一炷，看達摩面壁圖。垂簾少頃，不覺心淨神清，氣柔息定，濛濛然如混沌境界，意者揖達摩與之乘槎而見麻姑也。

一六

無端妖冶，終成泉下骷髏；有分功名，自是夢中蝴蝶。

一七

累月獨處，一室蕭條，取雲霞為伴侶，引青松為心知。或稚子老翁，閒中來過，濁酒一壺，蹲鴟一盂，相共開笑口。所談浮生閒話，絕不及市朝。客去關門，了無報謝，如是畢餘生足矣。

一八

半塢白雲耕不盡，一潭明月釣無痕。

一九

茅簷外，忽聞犬吠雞鳴，恍似雲中世界；竹窗下，唯有蟬吟鵲噪，方知靜裡乾坤。

二〇

如今休去便休去，若覓了時無了時。若能行樂，即今便好快活。身上無病，心上無事，春鳥是笙歌，春花是粉黛。閒得一刻，即為一刻之樂，何必情欲乃為樂耶？

二一

開眼便覺天地闊，撾【音同抓】鼓非狂；林臥不知寒暑，上床空算。唯儉可以助廉，唯恕可以成德。

二二

山澤未必有異士，異士未必在山澤。

二三

業淨六根成慧眼，身無一物到茅庵。

二四

人生莫如閒，太閒反生惡業；人生莫如清，太清反類俗情。不是一番寒徹骨，怎得梅花撲鼻香？念頭稍緩時，便莊誦一遍。夢以昨日為前身，可以今夕為來世。

二五

讀史要耐訛字，正如登山耐仄路，蹈雪耐危橋，閒居耐俗漢，看花耐惡酒。此方得力。

二六

世外交情，唯山而已。須有大觀眼，濟勝具①，久住緣，方許與之莫逆。

①濟勝具：能夠上山下海、攀山臨水的健康身體。《說文解字．棲逸》：「許掾好遊山水，而體便登陟。時人云：『許非徒有勝情，實有濟勝之具。』」

二七

九山散樵浪跡俗間，徜徉自肆，遇佳山水處，盤礴箕踞，四顧無人，則劃然長嘯，聲振林木。有客造榻與語，對曰：「余方遊華胥，接羲皇，未暇理君語。」客之去留，蕭然不以為意。①

①本條語出明．陸樹聲〈九山散樵傳〉。

二八

擇地納涼，不若先除熱惱；執鞭求富①，何如急遣窮愁。

①執鞭求富：《論語．述而》：「子曰：『富而可求也，雖執鞭之士，吾亦為之；如不可求，從吾所好。』」

二九

萬壑疏風清，兩耳聞世語，急須敲玉磬三聲；九天涼月淨，初心誦其經，勝似撞金鐘百下。

三〇

無事而憂，對景不樂，即自家亦不知是何緣故，這便是一座活地獄，更說什麼銅床鐵柱，劍樹刀山也。

三一

煩惱之場，何種不有？以法眼照之，奚啻蝎蹈空花。

三二

上高山，入深林，窮迴溪，幽泉怪石，無遠不到；到則拂草而坐，傾壺而醉。醉則更相枕藉以臥。意亦甚適，夢亦同趣。①

①本條語出唐・柳宗元〈始得西山宴遊記〉，原文為：「日與其徒上高山，入深林，窮迴溪；幽泉怪石，無遠不到，到則披草而坐，傾壺而醉，醉則更相枕以臥，臥而夢。意有所極，夢亦同趣。覺而起，起而歸。」（節錄）

三三

閉門閱佛書，開門接佳客，出門尋山水，此人生三樂。

三四

客散門扃①，風微日落，碧月皎皎當空，花陰徐徐滿地。近簷鳥宿，遠寺鐘鳴，茶鐺②初熟，酒甕乍開；不成八韻新詩，畢竟一團俗氣。

①扃：音同坰。關閉之意。

②鐺：音同當。古代一種底下有腳的鍋子。

三五

不作風波於世上，自無冰炭到胸中。[①]

①本條語出宋．邵雍〈安樂窩中自貽〉詩：「物如善得終為美，事到巧圖安有公。不作風波於世上，自無冰炭到胸中。災殃秋葉霜前墜，富貴春華雨後紅。造化分明人莫會，枯榮消得幾何功。」

三六

秋月當天，纖雲都淨，露坐空闊去處，清光冷浸，此身如在水晶宮裡，令人心膽澄澈。

三七

遺子黃金滿篋，不如教子一經。[①]

①本條語出《漢書．韋賢傳》：「（韋）賢四子：長子方山為高寢令，早終；次子弘，至東海太守；次子舜，留魯守墳墓；少子玄成，復以明經歷位至丞相。故鄒魯諺曰：『遺子黃金滿籯，不如一經。』」

三八

凡醉各有所宜。醉花宜晝，襲其光也；醉雪宜夜，清其思也；醉得意宜唱，宣其和也；醉將離宜擊缽，壯其神也；醉文人宜謹節奏，畏其侮也；醉俊人宜益觥盂，助其怒也；醉樓宜暑，資其清也；醉水宜秋，泛其爽也。此皆審其宜，考其景，反此則失飲矣。

三九

竹風一陣，飄颺茶灶疏煙；梅月半彎，掩映書窗殘雪。

四〇

廚冷分山翠，樓空入水煙。

四一

間疏滯葉通鄰水，擬典荒居做小山。

四二

聰明而修潔，上帝固錄清虛；文墨而貪殘，寘①官不受辭賦。

①寘：音同至。處理、安置。

四三

破除煩惱，二更山寺木魚聲；見徹性靈，一點雲堂優缽影。

四四

興來醉倒落花前，天地即為衿枕；機息坐忘磐石上，古今盡屬蜉蝣。

四五

老樹著花，更覺生機鬱勃；秋禽弄舌，轉令幽興蕭疏。

四六

完得心上之本來，方可言了心；盡得世間之常道，才堪論出世。

四七

雪後尋梅，霜前訪菊，雨際護蘭，風外聽竹。固野客之閒情，實文人之深趣。

四八

結一草堂，南洞庭月，北峨眉雪，東泰岱松，西瀟湘竹。中具晉高僧支法八尺沉香床。浴罷溫泉，投床酣睡，以此避暑，詎不樂也？

四九

人有一字不識，而多詩意；一偈不參，而多禪意；一勺不濡，而多酒意；一石不曉，而多畫意。澹宕故也。

五〇

以看世人青白眼轉而看書，則聖賢之真見識；以議論人雌黃口轉而論史，則左狐[1]之真是非。

①左狐：指春秋時期晉國史官董狐，直言不隱，秉筆直書，得孔子讚譽為古之良史。

五一

事到全美處，怨我者不能開指摘之端；行到至汙處，愛我者不能施掩護之法。

五二

必出世者，方能入世，不則世緣易墮；必入世者，方能出世，不則空趣難持。

五三

調性之法，急則佩韋，緩則佩弦；諧情之法，水則從舟，陸則從車。

五四

才人之行多放，當以正斂之；正人之行多板，當以趣通之。

五五

人有不及，可以情恕；非義相干，可以理遣。佩此兩言，足以遊世。

五六

冬起欲遲，夏起欲早。春睡欲足，午睡欲少。

五七

無事當學白樂天之嗒然[1]，有客宜仿李建勳之擊磬[2]。

①白樂天之嗒然：嗒，音同踏，失意沮喪。唐．白居易〈隱几贈客〉詩：「宦情本淡薄，年貌又老醜。紫綬與金章，於予亦何有。有時猶隱几，嗒然無所偶。臥枕一卷書，起嘗一杯酒。書將引昏睡，酒用扶衰朽。客到忽已酣，脫巾坐搔首。疎頑倚老病，容恕慚交友。忽思莊生言，亦擬鞭其後。」

②李建勳之擊磬：宋．周密《澄懷錄》：「江南李建勳，嘗蓄一玉磬，大尺餘，以沉香節按柄叩之，聲極清越。客有談及穢俗之語者，則急起擊玉磬數聲，曰：『聊代清耳。』名曰『泗濱友』。」

五八

郊居，誅茅結屋，雲霞棲梁棟之間，竹樹在汀洲之外。與二三之同調，望衡對宇，聯捷巷陌，風天雪夜，買酒相呼，此時覺麴生氣味，十倍市飲。

五九

萬事皆易滿足，唯讀書終身無盡，人何不以不知足一念加之書？又云：「讀書如服藥，藥多力自行。」

六〇

醉後輒作草書十數行，便覺酒氣拂拂，從十指出也。①

①本條文出宋・蘇軾〈跋草書後〉，原文為：「僕醉後，乘興輒作草書十數行，覺酒氣拂拂，從十指間出也。」

六一

書引藤為架，人將薜作衣。①

①本條文出唐・上官婉兒〈遊長寧公主流杯池・十一〉詩：「暫爾遊山第，淹留惜未歸。霞窗明月滿，澗戶白雲飛。書引藤為架，人將薜作衣。此真攀玩所，臨睨賞光輝。」

六二

從江干溪畔箕踞石上，聽水聲浩浩潺潺，粼粼泠泠，恰似一部天然之樂韻，疑有湘靈在水中鼓瑟也。

六三

鴻中疊石，未論高下，但有木陰水氣，便自超絕。

六四

段田夫擶瑟就松風澗響之間曰：「三者皆自然之聲，正合類聚。」

六五

高臥閒窗，綠陰清晝，天地何其寥廓也。

六六

少學琴書，偶愛清淨，開卷有得，便欣然忘食；見樹木交映，時鳥變聲，亦復歡然有喜。常言五六月，臥北窗下，遇涼風暫至，自謂羲皇上人。①

①本條語出晉・陶淵明〈與子儼等疏〉。

六七

空山聽雨，是人生如意事。聽雨必於空山破寺中，寒雨圍爐，可以燒敗葉，烹鮮筍。

六八

鳥啼花落，欣然有會於心。遣小奴，挈癭樽①，酤白酒，釂②一梨花瓷盞，急取詩卷，快讀一過以咽之，蕭然不知其在塵埃間也。③

①癭樽：癭，音同影，指樹木上突起的贅瘤。癭樽即是以癭木製成的杯盞容器。

②醽：音同轎，即乾杯。

③本條語改自宋・楊萬里〈跋歐陽柏威詩句選〉。

六九

閉門即是深山，讀書隨處淨土。

七〇

千巖競秀，萬壑爭流，草木蒙籠其上，若雲興霞蔚。①

①本條語出《世說新語・言語》：「顧長康從會稽還，人問山川之美，顧云：『千巖競秀，萬壑爭流，草木蒙籠其上，若雲興霞蔚。』」

七一

從山陰道上行，山川自相映發，使人應接不暇；若秋冬之際，猶難為懷。①

①本條語出《世說新語・言語》。

七二

欲見聖人氣象，須於自己胸中潔淨時觀之。

七三

執筆唯憑於手熟，為文每事於口占。①

①本條語出明・吳應箕《讀書止觀》。

七四

箕踞於斑竹林中，徙倚於青磯石上；所有道笈梵書，或校讎四五字，或參諷一兩章。茶不甚精，壺亦不燥，香不甚良，灰亦不死；短琴無曲而有弦，長謳無腔而有音。激氣發於林樾，好風逆之水涯，若非羲皇以上，定亦稽阮之間。①

①本條語出明．陳繼儒《巖棲幽事》。

七五

聞人善則疑之，聞人惡則信之，此滿腔殺機也。

七六

士君子盡心利濟，使海內少他不得，則天亦自然少他不得，即此便是立命。

七七

讀書不獨變氣質，且能養精神。蓋理義收攝故也。

七八

周旋人事後，當誦一部《清靜經》；弔喪問疾後，當念一通〈扯淡歌〉。

七九

臥石不嫌於斜，立石不嫌於細，倚石不嫌於薄，盆石不嫌於巧，山石不嫌於拙。

八〇

雨過生涼境，閒情適鄰家。笛韻與晴雲斷雨逐，聽之聲聲入肺腸。

八一

不惜費，必至於空乏而求人；不受享，無怪乎守財而遺誚。

八二

園亭若無一段山林景況，只以壯麗相炫，便覺俗氣撲人。

八三

餐霞吸露，聊駐紅顏；弄月嘲風，閒銷白日。

八四

清之品有五：睹標致，發厭俗之心，見精潔，動出塵之想，名曰清興；知蓄書史，能親筆硯，布景物有趣，種花木有方，名曰清致；紙裡中窺錢，瓦瓶中藏粟，困頓於荒野，擯棄乎血屬，名曰清苦；指幽僻之耽，誇以為高，好言動之異，標以為放，名曰清狂；博極今古，適情泉石，文韻帶煙霞，行事絕塵俗，名曰清奇。

八五

對棋不若觀棋，觀棋不若彈瑟，彈瑟不若聽琴。古云：「但識琴中趣，何勞弦上音。」斯言信然。

八六

奕秋[1]往矣，伯牙[2]往矣，千百世之下，止存遺譜，似不能盡有益於人。唯詩文字畫，足為傳世之珍，垂名不朽。總之身後名，不若生前酒耳。

①奕秋：《孟子》中記載古代善於下棋者。
②伯牙：春秋時期晉國大夫，善彈七弦琴。

八七

君子雖不過信人，君子斷不過疑人。

八八

人只把不如我者較量，則自知足。

八九

折膠鑠石，雖累變於歲時；熱惱清涼，原只在於心境。所以佛國都無寒暑，仙都長似三春。

九〇

鳥棲高枝，彈射難加；魚潛深淵，網釣不及；士隱岩穴，禍患焉至。

九一

於射而得揖讓，於碁而得征誅，於忙而得伊周[1]，於閒而得巢許[2]，於醉而得瞿曇[3]，於病而得老莊，於飲食衣服、出作入息，而得孔子。

①伊周：指伊尹與周公。
②巢許：指隱士巢父與許由。
③瞿曇：釋迦牟尼之本姓，在此指稱佛教。

九二

前人云：「晝短苦夜長，何不秉燭遊？」[1]不當草草看過。

①晝短苦夜長，何不秉燭遊：語出東漢〈古詩十九首．生年不滿百〉：「生年不滿百，常懷千歲憂。晝短苦夜長，何不秉燭游？為樂當及時，何能待來茲？愚者愛惜費，但為後世嗤。仙人王子喬，難可與等期。」

九三

優人代古人語，代古人笑，代古人憤，今文人為文似之。優人登臺肖古人，下臺還優人，今文人為文又似之。假令古人見今文人，當何如憤？何如笑？何如語？

九四

看書只要理路通透，不可拘泥舊說，更不可附會新說。

九五

簡傲不可謂高，諂諛不可謂謙，刻薄不可謂嚴明，闒茸[1]不可謂寬大。

①闒茸：闒，音同踏。闒茸原指細毛，此形容柔順。

九六

作詩能把眼前光景，胸中情趣，一筆寫出，便是作手，不必說唐說宋。

九七

少年休笑老年顛，及到老時顛一般，只怕不到顛時老，老年何暇笑少年。

九八

飢寒困苦福將至已，飽飫【音同玉】宴遊禍將生焉。

九九

打透生死關，生來也罷，死來也罷；參破名利場，得了也好，失了也好。

一〇〇

混跡塵中，高視物外；陶情杯酒，寄興篇詠；藏名一時，尚友千古。

一〇一

癡矣狂客，酷好賓朋；賢哉細君，無違夫子。醉人盈座，簪裾半盡。酒家食客滿堂，瓶甕不離米肆。燈燭熒熒，且耽夜酌；爨煙寂寂，安問晨炊。生來不解攢眉，老去彌堪鼓腹。①

①本條語出明．屠隆《娑羅館清言》。

一〇二

皮囊速壞，神識常存，殺萬命以養皮囊，罪卒歸於神識。佛性無邊，經書有限，窮萬卷以求佛性，得不屬於經書。

一〇三

人勝我無害，彼無蓄怨之心；我勝人非福，恐有不測之禍。

一〇四

書屋前，列曲檻栽花，鑿方池浸月，引活水養魚；小窗下，焚清香讀書，設淨几鼓琴，捲疏簾看鶴，登高樓飲酒。

一〇五

人人愛睡，知其味者甚鮮。睡則雙眼一合，百事俱忘，肢體皆適，塵勞盡消，即黃粱南柯，特餘事已耳。靜修[①]詩云：「書外論交睡最賢。」[②]旨哉言也。

①靜修：劉因，字夢吉，號靜修。元代詩人。

②書外論交睡最賢：語出元．劉因〈冬日〉詩：「砂瓶豆粥土床煙，中有幽人意漫然。元晦居山豈懷土，仲尼微服即知天。閒中作計飽為上，書外論交睡最賢。小子應門當拜客，病夫便靜乞相憐。」

一〇六

過分求福，適以速禍；安分遠禍，將自得福。

一〇七

倚勢而凌人者，勢敗而人凌；恃財而侮人者，財散而人侮。此循環之道。

一〇八

我爭者，人必爭，雖極力爭之，未必得；我讓者，人必讓，雖極力讓之，未必失。

一〇九

貧不能享客，而好結客；老不能徇世，而好維世；窮不能買書，而好讀奇書。

一一〇

滄海日，赤城霞，峨眉雪，巫峽雲，洞庭月，瀟湘雨，彭蠡煙，廣陵濤，廬山瀑布，合宇宙奇觀，繪吾齋壁。少陵詩，摩詰畫，《左傳》文，馬遷《史》，薛濤箋，右軍帖，《南華經》，相如賦，屈子〈離騷〉，收古今絕藝，置我山窗。

一一一

偶飯淮陰，定萬古英雄之眼，自有一段真趣。紛擾不寧者，何能得此。醉題便殿，生千秋風雅之光，自有一番奇特。跼蹐①牖下者，豈易獲此。

①跼蹐：跼，音同局。蹐，音同極。跼蹐即跼蹐。恐懼不安的樣子。

一一二

清閒無事，坐臥隨心，雖粗衣淡食，但覺一塵不染；憂患纏身，煩擾奔忙，雖錦衣厚味，只覺萬狀愁苦。

一一三

我如為善，雖一介寒士，有人服其德；我如為惡，雖位極人臣，有人議其過。

一一四

讀理義書，學法帖字，澄心靜坐，益友清談，小酌半醺，澆花種竹；聽琴玩鶴，焚香煮茶，泛舟觀山，寓意奕棋。雖有他樂，吾不易矣。

一一五

成名每在窮苦日，敗事多因得志時。

一一六

寵辱不驚，肝木自寧；動靜以敬，心火自定；飲食有節，脾土不洩；調息寡言，肺金自全；怡神寡欲，腎水自足。

一一七

讓利精於取利，逃名巧於邀名。

一一八

彩筆描空，筆不落色，而空亦不受染；利刀割水，刀不損鍔，而水亦不留痕。

一一九

唾面自乾，婁師德不失為雅量；睚眥必報，郭象玄未免為禍胎。

二二〇

天下可愛的人，都是可憐人；天下可惡的人，都是可惜人。

二二一

事業文章，隨身銷毀，而精神萬古如新；功名富貴，逐世轉移，而氣節千載一日。

二二二

讀書到快目處，起一切沉淪之色；說話到洞心處，破一切曖昧之私。

二二三

諧臣媚子，極天下聰穎之人；秉正嫉邪，作世間忠直之氣。

二二四

隱逸林中無榮辱，道義路上無炎涼。

二二五

名心未化，對妻孥亦自矜莊；隱衷釋然，即夢寐會成清楚。聞謗而怒者，讒之囮①；見譽而喜者，佞之媒②。

①囮：音同額，即訛。囮為鳥媒，指用以誘捕同類鳥的鳥。

②「聞謗而怒者」四句，語出隋・王通《文中子・魏相》。

一二六

灘濁作畫，正如隔簾看月，隔水看花，意在遠近之間，亦文章法也。

一二七

藏錦於心，藏繡於口，藏珠玉於咳唾，藏珍奇於筆墨。得時則藏於冊府，不得則藏於名山。

一二八

讀一篇軒快之書，宛見山青水白；聽幾句伶俐之語，如看嶽立川行。

一二九

讀書如竹外溪流，洒然而往；詠詩如蘋末風起，勃焉而揚。

一三〇

子弟排場，有舉止而謝飛揚，難博纏頭之錦；主賓御席，務廉隅而少蘊藉，終成泥塑之人。

一三一

取涼於箑①，不若清風之徐來；激水於槔②，不若甘雨之時降。

①箑：音同煞，指扇子。

②槔：音同高，指打井汲水的器具。

一三二

有快捷之才，而無所建用，勢必乘憤激之處，一逞雄風。有縱橫之論，而無所發明，勢必乘簧鼓之場，一惢餘力。

一三三

月榭憑欄，飛凌飄渺；雲房啟戶，坐看氤氳。

一三四

發端無緒，歸結還自支離；入門一差，進步終成恍惚。

一三五

李納性辯急，酷尚奕棋，每下子，安詳極於寬緩。有時躁怒，家人輩則密以棋具陳於前，納睹便欣然改容，取子布算，都忘其恚。

一三六

竹裡登樓，遠窺韻士，聆其談名理於坐上，而人我之相可忘；花間掃石，時候棋師，觀其應危劫於枰間，而勝負之機早決。

一三七

六經為庖廚，百家為異饌，三墳為瑚璉，諸子為鼓吹，自奉得無大奢，請客未必能享。

一三八

說得一句好言，此懷庶幾才好；攬了一分閒事，此身永不得閒。

一三九
古人特愛松風，庭院皆植松，每聞其響，欣然往其下，曰：「此可浣盡十年塵胃。」

一四〇
凡名易居，只有清名難居；凡福易享，只有清福難享。

一四一
賀蘭山外虛兮怨，無定河邊破鏡愁。

一四二
有書癖而無剪裁，徒號書櫥；唯名飲而少蘊藉，終非名飲。

一四三
飛泉數點雨非雨，空翠幾重山又山。

一四四
夜者，日之餘；雨者，月之餘；冬者，歲之餘。當此三餘，人事稍疏，正可一意問學。

一四五
樹影橫床，詩思平凌枕外；雲華滿紙，字意隱躍行間。

一四六

耳目寬則天地窄，爭務短則日月長。

一四七

秋老洞庭，霜清彭澤。

一四八

聽靜夜之鐘聲，喚醒夢中之夢；觀澄潭之月影，窺見身外之身。

一四九

事有急之不白者，寬之或自明，毋躁急以速其忿；人有操之不從者，縱之或自化，毋操切以益其頑。

一五〇

士君子貧不能濟物者，遇人癡迷處，出一言提醒之，遇人急難處，出一言解救之，亦是無量功德。

一五一

處父兄骨肉之變，宜從容，不宜激烈；遇朋友交遊之失，宜剴切，不宜優遊。

一五二

問祖宗之德澤，吾身所享者，是當念其積累之難；問子孫之福祉，吾身所貽者，是要思其傾覆之易。

一五三

韶光去矣，嘆眼前歲月無多，可惜年華如疾馬[1]；長嘯歸歟，知身外功名是假，好將姓字任呼牛。

①疾馬呼牛：語出《莊子．天道》：「昔者子呼我牛也，而謂之牛；呼我馬也，而謂之馬。」其意指毀譽由人，悉聽自然。

一五四

意慕古，先存古，未敢反古；心持世，外厭世，未能離世。

一五五

苦惱世上，度不盡許多癡迷漢，人對之腸熱，我對之心冷；嗜欲場中，喚不醒許多伶俐人，人對之心冷，我對之腸熱。

一五六

自古及今，山之勝多妙於天成，每壞於人造。

一五七

畫家之妙，皆在運筆之先，運思之際；一經點染，便減神機。

一五八

長於筆者，文章即如言語；長於舌者，言語即成文章。昔人謂：「丹青乃無言之詩，詩句乃有言之畫。」余則欲丹青似詩，詩句無言，方許各臻妙境。

一五九

舞蝶游蜂，忙中之閒，閒中之忙；落花飛絮，景中之情，情中之景。

一六〇

五夜雞鳴，喚起窗前明月；一覺睡起，看破夢裡當年。

一六一

想到非非想，茫然天際白雲；明至無無明，渾矣臺中明月。

一六二

逃暑深林，南風逗樹，脫帽露頂，沉李浮瓜，火宅炎宮，蓮花忽迸，較之陶潛臥北窗下，自稱羲皇上人，此樂過半矣。

一六三

霜飛空而漫霧，雁照月而猜弦。[1]

①本條語出六朝・江總〈山水納袍賦〉。

一六四

既景華而稠彩，亦密照而疏明；若春隰[①]之揚花，似秋漢之含星。[②]

①隰：音同席，低濕之地。

②本條語出六朝．張率〈繡賦〉。

一六五

景澄則巖岫開鏡，風生則芳樹流芬。[①]

①本條語出南朝．支曇諦〈廬山賦〉。

一六六

類君子之有道，入暗室而不欺；同至人之無跡，懷明義以應時。[①]

①本條語出唐．駱賓王〈螢火賦〉。

一六七

一翻一覆兮如掌，一死一生兮如輪。

卷五　集素

一

袁石公[①]云：「長安風雪夜，古廟冷鋪中，乞兒丐僧，齁齁如雷吼，而白髭老貴人，擁錦下帷，求一合眼不得。」嗚呼！松間明月，檻外青山，未嘗拒人，而人人自拒者何哉？集素第五。

①袁石公：袁宏道，字中郎，號石公。明代文學家。

二

田園有真樂，不瀟灑終為忙人；誦讀有真趣，不玩味終為鄙夫；山水有真賞，不領會終為漫遊；吟詠有真得，不解脫終為套語。

三

居處寄吾生，但得其地，不在高廣；衣服被吾體，但順其時，不在紈綺；飲食充吾腹，但適其可，不在膏粱；宴樂修吾好，但致其誠，不在浮靡。

四

披卷有餘閒，留客坐殘良夜月；褰帷無別務，呼童耕破遠山雲。

五

琴觴自對，鹿豕為群，任彼世態之炎涼，從他人情之反覆。

六

家居苦事物之擾，唯田舍園亭，別是一番活計。焚香煮茗，把酒吟詩，不許胸中生冰炭。

七

客寓多風雨之懷，獨禪林道院，轉添幾種生機；染翰揮毫，翻經問偈，肯教眼底逐風塵。茅齋獨坐茶頻煮，七碗後氣爽神清；竹榻斜眠書漫拋，一枕餘心閒夢穩。

八

帶雨有時種竹，關門無事鋤花，拈筆閒刪舊句，汲泉幾試新茶。

九

余嘗淨一室、置一几，陳幾種快意書，放一本舊法帖；古鼎焚香，素塵揮塵，意思小倦，暫休竹榻。餉時而起，則啜苦茗。信手寫漢書幾行，隨意觀古畫數幅。心目間覺灑灑空靈，面上俗塵，當亦撲去三寸。

一〇

但看花開落，不言人是非。

一一

莫戀浮名，夢幻泡影有限；且尋樂事，風花雪月無窮。

一二

白雲在天，明月在地，焚香煮茗，閱偈翻經，俗念都捐，塵心頓洗。

一三

暑中嘗默坐，澄心閉目，作水觀久之，覺肌髮洒洒，几閣間似有爽氣飛來。

一四

胸中只擺脫一「戀」字，便十分爽淨，十分自在。人生最苦處，只是此心，沾泥帶水，明是知得，不能割斷耳。

一五

無事以當貴，早寢以當富，安步以當車，晚食以當肉，此巧於處貧矣。①

①本語出自明・王象晉《清寤齋心賞編》。

一六

三月茶筍初肥，梅風未困，九月蓴鱸正美，秫酒新香，勝友晴窗，出古人法書名畫，焚香評賞，無過此時。①

①本語出自明・陳繼儒《巖棲幽事》。

一七

高枕丘中，逃名世外，耕稼以輸王稅，采樵以奉親顏。新穀既升，田家大洽，肥羜①烹以享神，枯魚燔而召友。蓑笠在戶，桔槔空懸，濁酒相命，擊缶長歌，野人之樂足矣。②

①犳：音同駐，未成年的五月小羊。
②本條出自明．高叔嗣〈答袁永之〉。

一八

為市井草莽之臣，早輸國課；作泉石煙霞之主，日遠俗情。

一九

覆雨翻雲何險也，論人情，只合杜門；吟風弄月忽頹然，全天真，且須對酒。

二〇

春初玉樹參差，冰花錯落，瓊臺奇望，恍坐玄圃羅浮。若非黃昏月下，攜琴吟賞，杯酒留連，則暗香浮動，疏影橫斜之趣，何能有實際。①

①本條語出明．高濂《四時幽賞錄．孤山月下看梅花》：「孤山舊址，逋老種梅三百六十，已廢；繼種者，今又寥寥盡矣。孫中貴公補植原數，春初玉樹參差，冰花錯落，瓊臺倚望，恍坐玄圃羅浮。若非黃昏月下，攜尊吟賞，則暗香浮動，疏影橫斜之趣，何能真見實際！」

二一

性不堪虛，天淵亦受鳶魚之擾；心能會境，風塵還結煙霞之娛。

二二

身外有身，捉麈尾矢口閒談，真如畫餅；竅中有竅，向蒲團問心究竟，方是力田。

二三

山中有三樂：薜荔可衣，不羨繡裳；蕨薇可食，不貪粱肉；箕踞散髮，可以逍遙。

二四

終南當戶，雞峰如碧筍左簇，退食時秀色紛紛墮盤，山泉繞窗入戶，孤枕夢回，驚聞雨聲也。

二五

世上有一種癡人，所食閒茶冷飯，何名高致。

二六

桑林麥壠，高下競秀，風搖碧浪層層，雨過綠雲繞繞。雊雊【音同夠】春陽，鳩呼朝雨，竹籬茅舍，間以紅桃白李、燕紫鶯黃，寓目色相，自多村家閒逸之想，令人便忘豔俗。

二七

雲生滿谷，月照長空，洗足收衣，正是宴安時節。

二八

眉公居山中，有客問山中何景最奇？曰：「雨後露前，花朝雪夜。」又問何事最奇？曰：「釣因鶴守，果遣猿收。」

二九

古今我愛陶元亮①，鄉里人稱馬少游②。

①陶元亮：即晉朝陶淵明。

②馬少游：指東漢大將馬援。

三〇

嗜酒好睡，往往閉門；俯仰進趨，隨意所在。

三一

霜水澄定，凡懸崖峭壁，古木垂蘿，與片雲纖月，一山映在波中。策杖臨之，心境俱清絕。

三二

親不抬飯，雖大賓不宰牲。匪直戒奢侈而可久，亦將免煩勞以安身。

三三

飢生陽火煉陰精，食飽傷神氣不升。

三四

心苟無事，則息自調；念苟無欲，則中自守。

三五

文章之妙，語快令人舞，語悲令人泣，語幽令人冷，語憐令人惜，語險令人危，語慎令人密，語怒令人按劍，語激令人投筆，語高令人入雲，語低令人下石。

三六

溪響松聲，清聽自遠；竹冠蘭佩，物色俱閒。

三七

鄙吝一消，白雲亦可贈客；渣滓盡化，明月自來照人。①

①本條語出明・吳從先《小窗自紀》。

三八

存心有意無意之間，微雲淡河漢；應世不即不離之法，疏雨滴梧桐。

三九

肝膽相照，欲與天下共分秋月；意氣相許，欲與天下共坐春風。①

①本條語出明・吳從先《小窗自紀》。

四〇

堂中設木榻四，素屏二，古琴一張，儒道佛書各數卷。樂天既來為主，仰觀山，俯聽水，旁睨竹樹雲石，自辰及酉，應接不暇。俄而物誘氣和，外適內舒，一宿體寧，再宿心恬，三宿後頹然嗒然，不知其然而然。①

①本條語出唐・白居易〈廬山草堂記〉。

四一

偶坐蒲團，紙窗上月光漸滿，樹影參差，所見非空非色。此時雖名衲敲門，山童且勿報也。

四二

會心處不必在遠，翳然林水，便自有濠濮間想，不覺鳥獸禽魚，自來親人。①

①本條語出《世說新語．言語》：「簡文入華林園，顧謂左右曰：『會心處，不必在遠。翳然林水，便自有濠、濮閒想也。不覺鳥獸禽魚，自來親人。』」

四三

茶欲白，墨欲黑；茶欲重，墨欲輕；茶欲新，墨欲陳。①

①本條語出宋．蘇軾《東坡志林》：「司馬溫公嘗曰：『茶與墨政相反。茶欲白，墨欲黑，茶欲重，墨欲輕，茶欲新，墨欲陳。』予曰：『二物之質誠然，然亦有同者。』公曰：『謂何？』予曰：『奇茶妙墨皆香，是其德同也。皆堅，是其操同也。譬如賢人君子，妍醜黔皙之不同，其德操韞藏，實無以異。』公笑以為是。元濤迴曄月二十六日，醇老、全翁、元之、敦夫、子瞻，同游南屏寺。寺僧謙出奇茗如玉雪。適會三衢蔡熙之子舀出所造墨，黑如漆。墨欲其黑，茶欲其白，物轉顛倒，未知孰是？大眾一笑而去。」

四四

馥噴五木之香，色冷冰蠶之錦。

四五

築風臺以思避，構仙閣而人圓。

四六

客過草堂問：「何感慨而甘棲遯？」余倦於對，但拈古句答曰：「得閒多事外，知足少年中。」問：「是何功課？」曰：「種花春掃雪，看籙夜焚香。」問：「是何利養？」曰：「硯田無惡歲，酒國有長春。」問：「是何還往？」曰：「有客來相訪，通名是伏羲。」①

①本條語出明・陳繼儒《巖棲幽事》。

四七

山居勝於城市，蓋有八德：不責苛禮，不見生客，不混酒肉，不競田產，不聞炎涼，不鬧曲直，不徼文逋，不談士籍。①

①本條語出明・陳繼儒《巖棲幽事》。

四八

采茶欲精，藏茶欲燥，烹茶欲潔。①

①本條語出明・陳繼儒《巖棲幽事》。

四九

茶見日而味奪，墨見日而色灰。①

①本條語出明・陳繼儒《巖棲幽事》。

五〇

磨墨如病兒，把筆如壯夫。

①本條語出明．陳繼儒《巖棲幽事》。

五一

園中不能辨奇花異石，唯一片樹陰，半庭蘚跡，差可會心忘形。友來或促膝劇論，或鼓掌歡笑，或彼談我聽，或彼默我喧，而賓主兩忘。

五二

塵緣割斷，煩惱從何處安身；世慮潛消，清虛向此中立腳。簷前綠蕉黃葵，老少年[①]，雞冠花，布滿階砌。移榻對之，或枕石高眠，或捉塵清話。門外車馬之塵滾滾，了不相關。

①老少年：即雁來紅，植物名，根莖可入藥。

五三

夜寒坐小室中，擁爐閒話。渴則敲冰煮茗，飢則撥火煨芋。

五四

阿衡五就[①]，那如莘野躬耕[②]；諸葛七擒，爭似南陽抱膝[③]。

①阿衡五就：《史記．殷本紀》：「伊尹名阿衡。阿衡欲干湯而無由，乃為有莘氏媵臣，負鼎俎，以滋味說湯，致於王道。或曰伊尹處士，湯使人聘迎之，五反然後肯往從湯，言素王及九主之事。湯舉任以國政。」

②莘野躬耕：《孟子．萬章上》：「伊尹耕於有莘之野，而樂堯舜之道焉。」
③南陽抱膝：《魏略》：「（諸葛亮）每晨夜從容，常抱膝長嘯。」

五五

飯後黑甜，日中薄醉，別是洞天；茶鐺酒臼，輕案繩床，尋常福地。

五六

翠竹碧梧，高僧對奕；蒼苔紅葉，童子煎茶。

五七

久坐神疲，焚香仰臥，偶得佳句，即令毛穎君[①]就枕掌記，不則展轉失去。

①毛穎君：指毛筆。

五八

和雪嚼梅花，羨道人之鐵腳；燒丹染香履，稱先生之醉吟。

五九

燈下玩花，簾內看月，雨後觀景，醉裡題詩，夢中聞書聲，皆有別趣。

六〇

王思遠[①]掃客坐留，不若杜門；孫仲益[②]浮白俗談，足當洗耳。

①王思遠：南朝人，歷任南朝宋、南朝齊官員。《南齊書．王思遠傳》：「思遠清修，立身簡潔。衣服床筵，窮治素淨。賓客來通，輒使人先密覘視，衣服垢穢，方便不前，形儀新楚，乃與促膝。雖然，既去之後，猶令二人交帚拂其坐處。」

②孫仲益：孫覿【覿音笛】，仲益為其字，宋徽宗時進士。《說郛》：「宋孫覿曰：『新第落成，市聲不入耳，俗軌不至門。客至命坐，青山當戶，流水在左，輒譚世事，便當以大白浮之。』」

六一

鐵笛吹殘，長嘯數聲，空山答響；胡麻飯罷，高眠一覺，茂樹屯陰。

六二

編茅為屋，疊石為階，何處風塵可到？據梧而吟，烹茶而語，此中幽興偏長。

六三

皂囊白簡，被人描盡半生；黃帽青鞋，任我逍遙一世。

六四

清閒之人不可惰其四肢，又須以閒人做閒事：臨古人帖，溫昔年書，拂几微塵，洗硯宿墨，灌園中花，掃林中葉。覺體少倦，放身匡床上，暫息半晌可也。

六五

待客當潔不當侈，無論不能繼，亦非所以惜福。

六六

葆真莫如少思，寡過莫如省事；善應莫如收心，解醪莫如澹志。

六七

世味濃，不求忙而忙自至；世味淡，不偷閒而閒自來。

六八

盤餐一菜，永絕腥膻，飯僧宴客，何煩六甲行廚；茅屋三楹，僅蔽風雨，掃地焚香，安用數童縛帚。

六九

以儉勝貧，貧忘；以施代侈，侈化；以省去累，累消；以逆鍊心，心定。

七〇

淨几明窗，一軸畫，一囊琴，一隻鶴，一甌茶，一爐香，一部法帖；小園幽徑，幾叢花，幾群鳥，幾區亭，幾拳石，幾池水，幾片閒雲。

七一

花前無燭，松葉堪燃；石畔欲眠，琴囊可枕。

七二

流年不復記，但見花開為春，花落為秋；終歲無所營，唯知日出而作，日入而息。

七三

脫巾露頂，斑文竹籜[1]之冠；倚枕焚香，半臂華山之服。

①竹籜：籜，音同拓。指竹皮、筍殼。

七四

穀雨前後，為和凝湯社[1]，雙井白芽[2]，湖州紫筍[3]，掃臼滌鐺，徵泉選火。以王濛[4]為品司，盧仝【音同銅】為執權，李贊皇[5]為博士，陸鴻漸[6]為都統。聊消渴吻，敢諱水淫，差取嬰湯，以供茗戰。

①和凝湯社：宋・陶穀《清異錄・湯社》：「和凝在朝，率同列遞日以茶相飲，味劣者有罰，號為『湯社』。」

②雙井白芽：五代・毛文錫《茶譜》：「洪州雙井白芽，製作極精。」

③湖州紫筍：唐・張文規〈湖州貢焙新茶〉詩：「鳳輦尋春半醉回，仙娥進水御簾開。牡丹花笑金鈿動，傳奏吳興紫筍來。」

④王濛：東晉人。《世說新語》：「晉司徒王濛好飲茶，人至輒命飲之，士大夫皆患之。每欲候濛，必云：『今日有水厄。』」

⑤李贊皇：即唐朝李德裕，善於品茶。

⑥陸鴻漸：陸羽，唐代人，鴻漸為其字，曾著《茶經》，後世奉為茶聖。

七五

窗前落月，戶外垂蘿，石畔草根，橋頭樹影，可立可臥，可坐可吟。

七六

褻狎易契，日流於放蕩；莊厲難親，日進於規矩。

七七

甜苦備嘗好丟手，世味渾如嚼蠟；生死事大急回頭，年光疾於跳丸。①

①本條語出明・屠隆《娑羅館清言》。

七八

若富貴由我力取，則造物無權；若毀譽隨人腳根，則讒夫得志。①

①本條語出元・范立本《明心寶鑑》。

七九

清事不可著跡，若衣冠必求奇古，器用必求精良，飲食必求異巧，此乃清中之濁，吾以為清事之一蠹。

八〇

吾之一身，嘗有少不同壯，壯不同老。吾之身後，焉有子能肖父？孫能肖祖？如此期，必屬妄想，所可盡者，唯留好樣與兒孫而已。

八一

若想錢而錢來，何故不想？若愁米而米至，人固當愁。曉起依舊貧窮，夜來徒多煩惱。

八二

半窗一几，遠興閒思，天地何其寥闊也；清晨端起，亭午高眠，胸襟何其洗滌也。

八三

行合道義，不卜自吉；行悖道義，縱卜亦凶。人當自卜，不必問卜。①

①本條語出元·范立本《明心寶鑑》。

八四

奔走於權倖之門，自視不勝其榮，人竊以為辱；經營於利名之場，操心不勝其苦，己反以為樂。

八五

宇宙以來有治世法，有傲世法，有維世法，有出世法，有垂世法。唐虞垂衣，商周秉鉞，是謂治世；巢父洗耳，裘公瞋目，是謂傲世；首陽輕周，桐江重漢，是謂維世；青牛度關，白鶴翔雲，是謂出世；若乃魯儒一人，鄒傳七篇，始謂垂世。

八六

書室中修行法：心閒手懶，則觀法帖，以其可逐字放置也；手閒心懶，則治迂事，以其可作可止也；心手俱閒，則寫字作詩文，以其可以兼濟也；心手俱懶，則坐睡，以其不強役於神也；心不甚定，宜看詩及雜短故事，以其易於見意，不滯於久也；心閒無事，宜看長篇文字，或經注、或史傳，或古人文集，此又甚宜於風雨之際及寒夜也。又曰：「手冗心閒則思，心冗手閒則臥，心手俱閒則著作書字，心手俱冗則思早畢其事，以寧吾神。」

八七

片時清暢，即享片時；半景幽雅，即娛半景；不必更起姑待之心。

八八

一室經行，賢於九衢奔走；六時禮佛，清於五夜朝天。

八九

會意不求多，數幅晴光摩詰畫；知心能有幾，百篇野趣少陵詩。

九〇

醇醪百斛，不如一味太和之湯①；良藥千包，不如一服清涼之散。②

①太和之湯：熱水。
②本條語出明・屠隆《婆羅館清言》。

九一

閒暇時，取古人快意文章，朗朗讀之，則心神超逸，鬚眉開張。

九二

修淨土者，自淨其心，方寸居然蓮界；學禪坐者，達禪之理，大地盡作蒲團。

九三

衡門之下，有琴有書，載彈載詠，爰得我娛。豈無他好，樂是幽居。朝為灌園，夕偃蓬廬。①

①本條語出晉・陶淵明〈答龐參軍〉詩。

九四

因葺舊廬，疏渠引泉，周以花木，日哦其間。故人過逢，瀹【音同越】茗奕棋，杯酒淋浪，其樂殆非塵中物也。

九五

逢人不說人間事，便是人間無事人。①

①本條語出唐・杜荀鶴〈贈質上人〉詩：「枯坐雲遊出世塵，兼無瓶鉢可隨身。逢人不說人間事，便是人間無事人。」

九六

閒居之趣，快活有五：不與交接，免拜送之禮，一也；終日可觀書鼓琴，二也；睡起隨意，無有拘礙，三也；不聞炎涼囂雜，四也；能課子耕讀，五也。

九七

雖無絲竹管弦之盛，一觴一詠，亦足以暢敘幽情。①

①本條出自晉・王羲之〈蘭亭集序〉。

九八

獨臥林泉，曠然自適，無利無營，少思寡欲，修身出世法也。

九九

茅屋三間，木榻一枕，燒高香，啜苦茗，讀數行書，懶倦便高臥松梧之下，或科頭行吟。日常以苦茗代肉食，以松石代珍奇，以琴書代益友，以著述代功業，此亦樂事。

一〇〇

挾懷樸素，不樂權榮；棲遲僻陋，忽略利名；葆守恬淡，希時安寧；晏然閒居，時撫瑤琴。

一〇一

人生自古七十少，前除幼年後除老，中間光景不多時，又有陰晴與煩惱。到了中秋月倍明，到了清明花更好。花前月下得高歌，急須漫把金樽倒。世上財多賺不盡，朝裡官多做不了。官大錢多身轉勞，落得自家頭白早。請君細看眼前人，年年一分埋青草。草裡多多少少墳，一年一半無人掃。[1]

①本條為明・唐寅〈一世歌〉。

一〇二

飢乃加餐，菜食美於珍味；倦然後睡，草蓐勝似重裀[1]。

①重裀：裀，音同因。雙層的褥墊。

一〇三

流水相忘游魚，游魚相忘流水，即此便是天機；太空不礙浮雲，浮雲不礙太空，何處別有佛性？①

①本條語出明・屠隆《娑羅館清言》。

一〇四

丹山碧水之鄉，月澗雲龕之品，滌煩消渴，功誠不在芝朮下。

一〇五

頗懷古人之風，愧無素屏之賜，則青山白雲，何在非我枕屏。

一〇六

江山風月，本無常主，閒者便是主人。①

①本條語出宋・蘇軾《東坡志林》：「臨皋亭下八十數步，便是大江，其半是峨眉雪水，吾飲食沐浴皆取焉，何必歸鄉哉！江山風月，本無常主，閒者便是主人。聞范子豐新第園池，與此孰勝？所不如者，上無兩稅及助役錢耳。」

一〇七

入室許清風，對飲唯明月。

一〇八

披衲持缽，做髮僧行徑，以雞鳴當檀越，以枯管當笻【音同窮】杖，以飯顆當祇園，以岩雲野鶴當伴侶，以背錦奚奴當腳頭陀，往探六六奇峰，三三曲水。

一〇九

山房置一鐘，每於清晨良宵之下，用以節歌，令人朝夕清心，動念和平。李禿①謂：「有雜想，一擊遂忘；有愁思，一撞遂掃。」知音哉！

①李禿：即李贄，明代思想家。

一一〇

潭澗之間，清流注瀉，千巖競秀，萬壑爭流，卻自胸無宿物。漱清流，令人濯濯清虛，日來非唯使人情開滌，可謂一往有深情。

一一一

林泉之滸，風飄萬點，清露晨流，新桐初引，蕭然無事，閒掃落花，足散人懷。

一一二

浮雲出岫，絕壁天懸，日月清朗，不無微雲點綴。看雲飛軒軒霞舉，踞胡床與友人詠謔，不復滓穢太清。

一一三

山房之磬，雖非綠玉，沉明輕清之韻，盡可節清歌洗俗耳。山居之樂，頗愜冷趣，煨落葉為紅爐，況負暄於岩戶。土鼓催梅，荻灰暖地，雖潛凜以蕭索，見素柯之凌歲。同雲不流，舞雪如醉，野因曠而冷舒，山以靜而不晦。枯魚在懸，濁酒已注，朋徒我從，寒盟可固，不驚歲暮於天涯，即是挾纊於孤嶼。

一一四

步障錦千層，氍毹[1]紫萬疊，何似編葉成幃，聚茵為褥？

①氍毹：氍，音同渠。毹，音同書。氍毹指以毛編織的地毯。

一一五

綠蔭流影清入神，香氣氤氳徹人骨。坐來天地一時寬，閒放風流曉清福。

一一六

送春而血淚滿腮，悲秋而紅顏慘目。

一一七

翠羽欲流，碧雲為颸。

一一八

郊中野坐，固可班荊；徑裡閒談，最宜拂石。侵雲烟而獨冷，移開清嘯胡床；藉草木以成幽，撤去莊嚴蓮界；況乃枕琴夜奏，逸韻更揚；置局午敲，清聲甚遠；洵幽棲之勝事，野客之虛位也。

一一九

飲酒不可認真，認真則大醉，大醉則神魂昏亂。在《書》為「沉湎」，在《詩》為「童羖」①，在《禮》為「豢豕」，在《史》為「狂藥」。何如但取半酣，與風月為侶。

①童羖：指尚未長出角的羊羔。

一二〇

家鴛鴦湖濱，饒兼葭凫鷺、水月澹蕩之觀。客嘯漁歌，風帆煙艇，虛無出沒，半落几上，呼野衲而泛斜陽，無過此矣！

一二一

雨後捲簾看霽色，卻疑苔影上花來。①

①本條語出明・吳炳《綠牡丹》傳奇。

一二二

月夜焚香，古桐三弄，便覺萬慮都忘，妄想盡絕。試看香是何味？煙是何色？穿窗之白是何影？指下之餘是何音？恬然樂之而悠然忘之者是何趣？不可思量處是何境？

一二三

貝葉之歌無礙，蓮花之心不染。

一二四

河邊共指星為客，花裡空瞻月是卿。

一二五

人之交友，不出「趣味」兩字，有以趣勝者，有以味勝者，然寧饒於味，而無饒於趣。

一二六

守恬淡以養道，處卑下以養德，去嗔怒以養性，薄滋味以養氣。

一二七

吾本薄福人，宜行惜福事；吾本薄德人，宜行厚德事。

一二八

知天地皆逆旅，不必更求順境；視眾生皆眷屬，所以轉成冤家。

一二九

只宜於著意處寫意，不可向真景處點景。

一三〇

只愁名字有人知，澗邊幽草；若問清盟誰可托？沙上閒鷗。山童率草木之性，與鶴同眠；奚奴領歌詠之情，檢韻而至。閉戶讀書，絕勝入山修道；逢人說法，全輸兀坐捫心。

一三一

硯田登大有，雖千倉珠粟，不輸兩稅之徵；文錦運機杼，縱萬軸龍文，不犯九重之禁。

一三二

步明月於天衢，覽錦雲於江閣。

一三三

幽人清課，詎但啜茗焚香；雅士高盟，不在題詩揮翰。

一三四

以養花之情自養，則風情日閒；以調鶴之性自調，則真性自美。①

①本條語出明・鄭瑄《昨非庵日纂》。

一三五

熱湯如沸，茶不勝酒；幽韻如雲，酒不勝茶。茶類隱，酒類俠；酒固道廣，茶亦德素。

一三六

老去自覺萬緣都盡，那管人是人非；春來倘有一事關心，只在花開花謝。①

①本條語出明・屠隆《娑羅館清言》。

一三七

是非場裡，出入逍遙；順逆境中，縱橫自在。竹密何妨水過，山高不礙雲飛。

一三八

口中不設雌黃，眉端不掛煩惱，可稱煙火神仙；隨意而栽花柳，適性以養禽魚，此是山林經濟。

一三九

午睡醒來，頹然自廢，身世庶幾渾忘；晚炊既收，寂然無營，煙火聽其更舉。

一四〇

花開花落春不管，拂意事休對人言；水暖水寒魚自知，會心處還期獨賞。

一四一

心地上無風濤，隨在皆青山綠水；性天中有化育，觸處見魚躍鳶飛。

一四二

寵辱不驚，閒看庭前花開花落；去留無意，漫隨天外雲卷雲舒。斗室中萬慮都捐，說甚畫棟飛雲，珠簾卷雨；三杯後一真自得，誰知素弦橫月，短笛吟風。

一四三

得趣不在多，盆池拳石間，煙霞具足；會景不在遠，蓬窗竹屋下，風月自賒。

一四四

會得個中趣，五湖之煙月盡入寸衷；破得眼前機，千古之英雄都歸掌握。

一四五

細雨閒開卷，微風獨弄琴。

一四六

水流任意景常靜，花落雖頻心自閒。

一四七

殘醺供白醉，傲他附熱之蛾；一枕餘黑甜，輸卻分香之蝶。閒為水竹雲山主，靜得風花雪月權。

一四八

半幅花箋入手，剪裁就臘雪春冰；一條竹杖隨身，收拾盡燕雲楚水。

一四九

心與竹俱空，問是非何處安覺；貌偕松共瘦，知憂喜無由上眉。

一五〇

芳菲林圃看蜂忙，覷破幾多塵情世態；寂寞衡茅觀燕寢，發起一種冷趣幽思。

一五一

何地非真境？何物非真機？芳園半畝，便是舊金谷；流水一灣，便是小桃源。林中野鳥數聲，便是一部清鼓吹；溪上閒雲幾片，便是一幅真畫圖。

一五二

人在病中，百念灰冷，雖有富貴，欲享不可，反羨貧賤而健者。是故人能於無事時常作病想。一切名利之心，自然掃去。

一五三

竹影入簾，蕉陰蔭檻，故蒲團一臥，不知身在冰壺鮫室。

一五四

萬壑松濤，喬柯飛穎，風來鼓颶【音同具】謖謖【音同宿】有。秋江八月聲迢遙，幽岩之下，披襟當之，不知是羲皇上人。

一五五

霜降木落時，入疏林深處，坐樹根上，飄飄葉點衣袖，而野鳥從梢飛來窺人。荒涼之地，殊有清曠之致。

一五六

明窗之下，羅列圖史琴尊以自娛。有興則泛小舟，吟嘯覽古於江山之間。渚茶野釀，足以消憂；蓴鱸稻蟹，足以適口。又多高僧隱士，佛廟絕勝。家有園林，珍花奇石，曲沼高臺，魚鳥流連，不覺日暮。

一五七

山中蒔花種草，足以自娛，而地樸人荒，泉石都無，絲竹絕響，奇士雅客亦不復過，未免寂寞度日。然泉石以水竹代，絲竹以鶯舌蛙吹代，奇士雅客以蠹簡代，亦略相當。

一五八

閒中覓伴書為上，身外無求睡最安。

一五九

栽花種竹，未必果出閒人；對酒當歌，難道便稱俠士？

一六〇

虛堂留燭，抄書尚存老眼；有客到門，揮麈但說青山。

一六一

千人亦見，百人亦見，斯為出類拔萃之英雄；三日不舉火，十年不製衣，殆是安貧樂道之賢士。

一六二

帝子之望巫陽，遠山過雨；王孫之別南浦，芳草連天。①

①本條語出宋・文天祥〈五色賦記〉。

一六三

室距桃源，晨夕恆滋蘭茝①；門開杜徑，往來唯有羊求②。

①蘭茝：指香草。

②羊求：指漢代羊仲、求仲，皆為有德之士。

一六四

枕長林而披史，松子為飧；入豐草以投閒，蒲根可服。

一六五

一泓溪水柳分開，盡道清虛攪破；三月林光花帶去，莫言香分消殘。

一六六

荊扉晝掩，閒庭宴然，行雲流水襟懷；隱不違親，貞不絕俗，太山喬嶽氣象。

一六七

窗前獨榻頻移，為親夜月；壁上一琴常掛，時拂天風。

一六八

蕭齋香爐書史，酒器俱捐；北窗石枕松風，茶鐺將沸。

一六九

明月可人，清風披坐，班荊問水，天涯韻士高人，下箸佐觴，品外澗毛溪蔌，主之榮也。高軒寒戶，肥馬嘶門，命酒呼茶，聲勢驚神震鬼，疊筵累几，珍奇罄地窮天，客之辱也。

一七〇

賀函伯坐徑山竹裡，鬚眉皆碧；王長公龕杜鵑樓下，雲母都紅。

一七一

坐茂樹以終日，濯清流以自潔。採於山，美可茹；釣於水，鮮可食。①

①本條語出唐．韓愈〈送李愿歸盤古序〉。

一七二

年年落第，春風徒泣於遷鶯；處處羈遊，夜雨空悲於斷雁。①

①本條語出宋．錢熙〈三酌酸文〉。

一七三

金壺霏潤，瑤管春容①。

①春容：形容舒緩的聲音，悅耳從容。

一七四

菜甲初長，過於酥酪。寒雨之夕，呼童摘取，佐酒夜談，嗅其清馥之氣，可滌胸中柴荊，何必純灰三斛。

一七五

暖風春座酒，細雨夜窗棋。

一七六

秋冬之交，夜靜獨坐，每聞風雨瀟瀟，既淒然可愁，亦復悠然可喜。至酒醒燈昏之際，尤難為懷。

一七七

長亭煙柳，白髮猶勞，奔走可憐名利客：野店溪雲，紅塵不到，逍遙時有牧樵人。天之賦命實同，人之自取則異。

一七八

富貴大是能俗人之物，使吾輩當之，自可不俗；然有此不俗胸襟，自可不富貴矣。

一七九

風起思蓴，張季鷹之胸懷落落；春回到柳，陶淵明之興致翩翩。然此二人，薄宦投簪，吾猶嗟其太晚。

一八〇

黃花紅樹，春不如秋；白雪青松，冬亦勝夏。春夏園林，秋冬山谷，一心無累，四季良辰。

一八一

聽牧唱樵歌，洗盡五年塵土腸胃；奏繁弦急管，何如一派山水清音。

一八二

孑然一身，蕭然四壁，有識者當此，雖未免以冷淡成愁，斷不以寂寞生悔。

一八三

從五更枕席上參看心體，心未動，情未萌，才見本來面日；向三時飲食中諳練世味，濃不欣，淡不厭，方為切實功夫。

一八四

瓦枕石榻，得趣處下界有仙；木食草衣，隨緣時西方無佛。①

①本條語出明．吳從先《小窗自紀》。

一八五

當樂境而不能享者，畢竟是薄福之人；當苦境而反覺甘者，方才是真修之士。

一八六

半輪新月數竿竹，千卷藏書一盞茶。

一八七

偶向水村江郭，放不繫之舟；還從沙岸草橋，吹無孔之笛。

一八八

物情以常無事為歡顏，世態以善托故為巧術。

一八九

善救時，若和風之消酷暑；能脫俗，似淡月之映輕雲。

一九〇

廉所以懲貪，我果不貪，何必標一廉名，以來貪夫之側目？讓所以息爭，我果不爭，又何必立一讓名，以致暴客之彎弓？

一九一

曲高每生寡和之嫌，歌唱需求同調；眉修多取入宮之妒，梳洗切莫傾城。

一九二

隨緣便是遣緣，似舞蝶與飛花共適；順事自然無事，若滿月偕盆水同圓。

一九三

耳根似飆谷投響，過而不留，則是非俱謝；心境如月池浸色，空而不著，則物我兩忘。

一九四

心事無不可對人語，則夢寐俱清；行事無不可使人見，則飲食俱健。

卷六　集景

一

結廬松竹之間，閒雲封戶；徙倚青林之下，花瓣沾衣。芳草盈階，茶煙幾縷；春光滿眼，黃鳥一聲。此時可以詩，可以畫，而正恐詩不盡言，畫不盡意。而高人韻士，能以片言數語盡之者，則謂之詩可，謂之畫可，謂高人韻士之詩畫亦無不可。集景第六。

二

花關曲折，雲來不認灣頭；草徑幽深，落葉但敲門窗。

三

細草微風，兩岸晚山迎短棹；垂楊殘月，一江春水送行舟。

四

草色伴河橋，錦纜曉牽三竺雨；花陰連野寺，布帆晴掛六橋煙。

五

閒步畎畝間，垂柳飄風，新秧翻浪；耕夫荷農器，長歌相應；牧童稚子，倒騎牛背，短笛無腔，吹之不休，大有野趣。

六

夜闌人靜，攜一童立於清溪之畔，孤鶴忽唳，魚躍有聲，清入肌骨。

七

垂柳小橋，紙窗竹屋，焚香燕坐，手握道書一卷。客來則尋常茶具，本色清言，日暮乃歸，不知馬蹄為何物。

八

門內有徑，徑欲曲；徑轉有屏，屏欲小；屏進有階，階欲平；階畔有花，花欲鮮；花外有墻，墻欲低；墻內有松，松欲古；松底有石，石欲怪；石面有亭，亭欲樸；亭後有竹，竹欲疏；竹盡有室，室欲幽；室旁有路，路欲分；路合有橋，橋欲危；橋邊有樹，樹欲高；樹陰有草，草欲青；草上有渠，渠欲細；渠引有泉，泉欲瀑；泉去有山，山欲深；山下有屋，屋欲方；屋角有圃，圃欲寬；圃中有鶴，鶴欲舞；鶴報有客，客不俗；客至有酒，酒欲不卻；酒行有醉，醉欲不歸。

九

清晨林鳥爭鳴，喚醒一枕春夢。獨黃鸝百舌，抑揚高下，最可人意。

一〇

高峰入雲，清流見底，兩岸石壁五色交輝，青林翠竹，四時俱備，曉霧將歇，猿鳥亂鳴，日夕欲頹，池鱗競躍，實欲界之仙都。自康樂[①]以來，未有能與其奇者。[②]

①康樂：指晉朝文學家謝靈運，襲封康樂公。

②本條語出南朝・陶弘景〈答謝中書〉。

一一

曲徑煙深，路接杏花酒舍；澄江日落，門通楊柳漁家。

一二

長松怪石，去墟落不下一、二十里。鳥徑緣崖，涉水於草莽間數四。左右兩三家相望，雞犬之聲相聞。竹籬草舍，燕處其間，蘭菊藝之，霜月春風，日有餘思。臨水時種桃梅，兒童婢僕皆布衣短褐，以給薪水，釀村酒而飲之。案有《詩》、《書》、莊周、《太玄》、《楚辭》、《黃庭》、《陰符》、《楞嚴》、《圓覺》數十卷而已。杖藜躡屐，往來窮谷大川，聽流水，看激湍，鑒澄潭，步危橋，坐茂樹，探幽壑，升高峰，不亦樂乎！

一三

天氣晴朗，步出南郊野寺，沽酒飲之。半醉半醒，攜僧上雨花臺，看長江一線，風帆搖曳，鍾山紫氣，掩映黃屋，景趣滿前，應接不暇。

一四

淨掃一室，用博山爐爇[①]沉水香，香煙縷縷，直透心竅，最令人精神凝聚。

①爇：音同若，焚燒。

一五

每登高丘，步邃谷，延留燕坐，見懸崖瀑流，壽木垂蘿，悶邃岑寂之處，終日忘返。①

①本條語出宋．种放《退士傳》。种，音同崇。

一六

每遇勝日有好懷，袖手哦古人詩足矣。青山秀水，到眼即可舒嘯，何必居籬落下，然後為己物？①

①本條語出宋．周密《澄懷錄》。

一七

柴門不扃，筠簾半捲，梁間紫燕，呢呢喃喃，飛出飛入。山人以嘯詠佐之，皆各適其性。

一八

風晨月夕，客去後，蒲團可以雙跏；煙島雲林，興來時，竹杖何妨獨往。①

①本條語出明．屠隆《娑羅館清言》。

一九

三徑竹間，日華澹澹，固野客之良辰；一編窗下，風雨瀟瀟，亦幽人之好景。①

①本條語出明．屠隆《娑羅館清言》。

二〇

喬松十數株，修竹千餘竿；青蘿為墻垣，白石為鳥道；流水周於舍下，飛泉落於簷間；綠柳白蓮，羅生池砌。時居其中，無不快心。①

①本條語出唐・白居易〈與元微之書〉。

二一

人冷因花寂，湖虛受雨喧。

二二

有屋數間，有田數畝；用盆為池，以甕為牖；墻高於肩，室大於斗。布被暖餘，藜羹飽後。氣吐胸中，充塞宇宙；筆落人間，輝映瓊玖。人能知止，以退為茂；我自不出，何退之有？心無妄想，足無妄走，人無妄交，物無妄受。炎炎論之，甘處其陋；綽綽言之，無出其右。羲軒之書，未嘗去手；堯舜之談，未嘗離口。談中和天，同樂易友；吟自在詩，飲歡喜酒。百年昇平，不為不偶；七十康強，不為不壽。①

①本條語出宋・邵雍〈甕牖吟〉。

二三

中庭蕙草銷雪，小苑梨花夢雲。

二四

以江湖相期，煙霞相許；付同心之雅會，託意氣之良遊。或閉戶讀書，累月不出；或登山玩水，竟日忘歸。斯賢達之素交，蓋千秋之一遇。

二五

蔭映巖流之際，偃息琴書之側，寄心松竹，取樂魚鳥，則澹泊之願，於是畢矣。①

①本條語出晉．戴逵〈閒遊贊〉。

二六

庭前幽花時發，披覽既倦，每啜茗對之，香色撩人，吟思忽起，遂歌一古詩，以適清興。

二七

凡靜室，須前栽碧梧，後種翠竹，前簷放步，北用暗窗，春冬閉之，以避風雨，夏秋可開，以通涼爽。然碧梧之趣，春冬落葉，以舒負暄融和之樂，夏秋交蔭，以蔽炎鑠蒸烈之氣，四時得宜，莫此為勝。

二八

家有三畝園，花木鬱鬱。客來煮茗，談上都貴遊、人間可喜事，或茗寒酒冷，賓主相忘。其居與山谷相望，暇則步草徑相尋。①

①本條語出宋．黃庭堅〈四休居士詩序〉：「太醫孫君昉，字景初，自號四休居士。山谷問其說？四休笑曰：『粗茶淡飯飽即休，補破遮寒暖即休，三平二滿過即休，不貪不妒老即休。』山谷曰：『此安樂法也。夫少欲者，不伐之家也。知足者，極樂之國也。』四休家有三畝園，花木鬱鬱，客來煮茗，談上都貴遊、人間可喜事，或茗寒酒冷，賓主皆忘。其居與余相望，暇則步草徑相尋。故作小詩遣家僮歌之，以侑酒茗。」

二九

良辰美景，春暖秋涼，負杖躡履，逍遙自樂。臨池觀魚，披林聽鳥，酌酒一杯，彈琴一曲，求數刻之樂，庶幾居常以待終。[1]築室數楹，編槿為籬，結茅為亭，以三畝蔭竹樹栽花果，二畝種蔬菜，四壁清曠，空諸所有。蓄山童灌園薙草，置二、三胡床著亭下，挾書劍以伴孤寂，攜琴奕以遲良友，此亦可以娛老。[2]

①此段語出南朝・徐勉〈為疏誡子崧〉：「兼吾年時朽暮，心力稍殫，牽課奉公，略不克舉，其中餘暇，裁可自休，或復冬日之陽，夏日之蔭，良辰美景，文案閒隙，負杖躡履，逍遙自樂，臨池觀魚，披林聽鳥，濁酒一杯，彈琴一曲，求數刻之暫樂，庶幾居常以待終，不宜復勞家間細務。汝交關既定，此書又行，凡所資須，付給如別，自茲以後，吾不復言及田事，汝亦勿復與吾言之。假使堯水湯旱，吾豈知如何？若其滿庾盈箱，爾之幸遇，如斯之事，並無俟令吾知也。」（節錄）

②此段語出明・陳繼儒《巖棲幽事》：「不能卜居名山，即於崗阜迴復及林水幽翳處，辟地數畝，築室數楹，插槿作籬，編茅為亭，以一畝蔭竹樹，一畝栽花果，二畝種瓜菜。四壁清曠，空諸所有，蓄山童灌園薙草，置二三胡床，著亭下，挾書硯以伴孤寂，攜琴弈以遲良友。凌晨杖策，抵暮言旋。此亦可以娛老矣。」

三〇

一徑陰開，勢隱蛇蟺之致，雲到成迷；半閣孤懸，影迴縹緲之觀，星臨可摘。

三一

幾分春色，全憑狂花疏柳安排；一派秋容，總是紅蓼白蘋妝點。

三二

南湖水落，妝臺之明月猶懸；西郭煙消，繡榻之彩雲不散。

三三

秋竹沙中淡，寒山寺裡深。

三四

野曠天低樹，江清月近人。①

①本條語出唐・孟浩然〈宿建德江〉詩：「移舟泊煙渚，日暮客愁新。野曠天低樹，江清月近人。」

三五

潭水寒生月，松風夜帶秋。①

①本條語出宋・岳飛〈鄱陽龍居寺〉詩：「巍石山前寺，林泉勝復幽。紫金諸佛相，白雪老僧頭。潭水寒生月，松風夜帶秋，我來囑龍語，為雨濟民憂。」

三六

春山豔冶如笑，夏山蒼翠如滴，秋山明淨如妝，冬山慘澹如睡。①

①本條語出宋・郭熙《林泉高致集》：「真山水之川谷遠望之以取其勢，近看之以取其質。真山水之雲氣四時不同：春融，夏蓊鬱，秋疏薄，冬黯淡。畫見其大象而不為斬刻之形，則雲氣之態度活矣。真山水之煙嵐四時不同：春山淡冶而如笑，夏山蒼翠而如滴，秋山明淨如妝，冬山慘澹如睡。畫見其大意而不為刻畫之跡，則煙嵐之景象正矣。真山水之風雨遠望可得，而近者玩習不能究錯縱起止之勢，真山水之陰晴遠望可盡，而近者拘狹不能得明晦隱見之跡。」（節錄）

三七

眇眇乎春山，澹冶而欲笑；翔翔乎空絲，綽約而自飛。

三八

盛暑持蒲榻鋪竹下，臥讀〈騷經〉，樹影篩風，濃陰蔽日，叢竹蟬聲，遠遠相續，蘧然入夢，醒來命取榐[①]櫛髮，汲石澗流泉，烹雲芽一啜，覺兩腋生風。徐步草玄亭，芰荷出水，風送清香，魚戲冷泉，凌波跳擲，因陟東皋之上，四望溪山罨畫[②]，平野蒼翠。激氣發於林瀑，好風送之水涯，手揮麈尾，清興洒然，不特法雨涼雪，使人火宅之念[③]都冷。

①榐：音同展。用榐木製作而成的髮梳。
②罨畫：罨，音同掩。彩色畫。
③火宅之念：火宅，佛教用語，指充滿煩惱的輪迴世界。煩惱如生老病死等憂患，有如火焰，燃燒不息，極為痛苦。火宅之念即指塵世間縈繞不去的俗念與煩擾。

三九

山曲小房，入園窈窕幽徑，綠玉萬竿。中匯澗水為曲池，環池竹樹雲石，其後平岡逶迤，古松鱗鬣【音同烈】，松下皆灌叢雜木，蔦蘿駢織，亭榭翼然。夜半鶴唳清遠，恍如宿花塢間，聞哀猿啼嘯，嘹嚦驚霜，初不辨其為城市為山林也。

四〇

一抹萬家，煙橫樹色，翠樹欲流，淺深間布，心目競觀，神清爽滌。

四一

萬里澄空，千峰開霽，山色如黛，風氣如秋，濃陰如幕，煙光如縷，笛響如鶴唳，經颸如咿唔，溫言如春絮，冷語如寒冰，此景不應虛擲。

四二

山房置古琴一張，質雖非紫瓊綠玉，響不在焦尾號鐘，置之石床，快作數弄。深山無人，水流花開，清絕冷絕。

四三

密竹軼雲，長林蔽日，淺翠嬌青，籠煙惹濕①，構數椽其間，竹樹為籬，不復葺垣，中有一泓流水，清可漱齒，曲可流觴，放歌其間，離披蒨鬱，神滌意閒。

①淺翠嬌青，籠煙惹濕：語出明．高濂《四時幽賞錄．蘇堤看新綠》：「三月中旬，堤上桃柳新葉，黯黯成陰，淺翠嬌青，籠煙惹濕。一望上下，碧雲蔽空，寂寂撩人，綠侵衣袂。落花在地，步蹀殘紅，恍入香霞堆裡，不知身外更有人世。知己清歡，持觴覓句，逢橋席賞，移時而前，如詩不成，罰以金谷酒數。」

四四

抱影寒窗，霜夜不寐，徘徊松竹下，四山月白露墜，冰柯相與，詠李白〈靜夜思〉，便覺冷然寒風。就寢復坐蒲團，從松端看月，煮茗佐談，竟此夜樂。

四五

雲晴靉靆①，石楚流滋，狂飆忽捲，珠雨淋漓。黃昏孤燈明滅，山房清曠，意自悠然。夜半松濤驚颸，蕉園鳴琊窾坎②之聲，疏密間發，愁樂交集，足寫幽懷。

①靉靆：靉，音同愛；靆，音同帶。雲多而昏暗的樣子。
②窾坎：窾，音同款。窾坎在此為形容雨滴敲打的狀聲詞。

四六

四林皆雪，登眺時見絮起風中，千峰堆玉，鴉翻城角，萬壑鋪銀。無樹飄花，片片繪子瞻之壁；不妝散粉，點點糝①原憲②之羹。飛霰入林，迴風折竹，徘徊凝覽，以發奇思。畫冒雪出雲之勢，呼松醪茗飲之景。擁爐煨芋，欣然一飽，隨作雪景一幅，以寄僧賞。

①糝：音同傘。以米調和羹或其他食物而製成的食品。
②原憲：孔子弟子，字子思，又稱原思。清靜守節，安貧樂道，孔子相魯時，曾為邑宰，後隱於衛。

四七

孤帆落照中，見青山映帶，征鴻回渚，爭棲競啄，宿水鳴雲，聲淒夜月，秋颼蕭瑟，聽之黯然，遂使一夜西風，寒生露白。萬山深處，一泓澗水，四周削壁，石磴嶄巖，叢木蓊鬱，老猿穴其中，古松屈曲，高拂雲顛，鶴來時棲其頂。每晴初霜旦，林寒澗肅，高猿長嘯，屬引淒異，風聲鶴唳，嘹嚦驚霜，聞之令人淒絕。

四八

春雨初霽，園林如洗，開扉閒望，見綠疇麥浪層層，與湖頭煙水相映帶，一派蒼翠之色，或從樹杪流來，或自溪邊吐出。支笻散步，覺數十年塵土肺腸，俱為洗淨。

四九

四月有新筍、新茶、新寒豆[1]、新含桃[2]，綠陰一片，黃鳥數聲，乍晴乍雨，不暖不寒，坐間非雅非俗，半醉半醒，爾時如從鶴背飛下耳。

①寒豆：豌豆。

②含桃：櫻桃。

五〇

名從刻竹，源分渭畝之雲；倦以據梧，清夢鬱林之石[1]。

①鬱林之石：《新唐書．隱逸傳．陸龜蒙》：「陸氏在姑蘇，其門有巨石。遠祖績嘗事吳為鬱林太守。罷歸無裝，舟輕不可越海，取石為重。人稱其廉，號『鬱林石』。」

五一

夕陽林際，蕉葉墮而鹿眠；點雪爐頭，茶煙飄而鶴避。

五二

高堂客散，虛戶風來，門設不關，簾鉤欲下。橫軒有狻猊[1]之鼎，隱几皆龍馬之文，流覽雲端，寓觀濠上。

①狻猊：狻，音同酸。狻猊即獅子。

五三

山經秋而轉淡，秋入山而倍清。

五四

山居有四法：樹無行次，石無位置，屋無宏肆，心無機事。

五五

花有喜、怒、寤、寐、曉、夕，浴花者得其候，乃為膏雨。淡雲薄日，夕陽佳月，花之曉也；狂號連雨，烈焰濃寒，花之夕也；檀脣烘日，媚體藏風，花之喜也；暈酣神斂，煙色迷離，花之愁也；欹枝困檻，如不勝風，花之夢也；嫣然流盼，光華溢目，花之醒也。[1]

①本條語出明．袁弘道《瓶史》。

五六

海山微茫而隱見，江山嚴厲而峭卓，溪山窈窕而幽深，塞山童赬[1]而堆阜[2]，桂林之山綿衍龐博，江南之山峻峭巧麗。山之形色，不同如此。

①童赬：赬，音同撐。指淺紅色的石山。

②堆阜：阜，音同富。山石堆積而成土山。

五七

杜門避影，出山一事，不到夢寐間；春晝花陰，猿鶴飽臥，亦五雲之餘蔭。

①本條語出宋．文天祥〈回鍾叔玉三帖〉。

五八

白雲徘徊，終日不去。巖泉一支，潺湲齋中。春之晝，秋之夕，既清且幽，大得隱者之樂，唯恐一日移去。

五九

與衲子輩坐林石上，談因果，說公案。久之，松際月來，振衣而起，踏樹影而歸，此日便是虛度。

六〇

結廬人徑，植杖山阿，林壑地之所豐，煙霞性之所適。蔭丹桂，藉白茅，濁酒一杯，清琴數弄，誠足樂也。

六一

輞水[①]淪漣，與月上下，寒山遠火，明滅林外，深巷小犬，吠聲如豹。村虛夜舂，復與疏鐘相間，此時獨坐，童僕靜默。

①輞水：河川名，在陝西省藍田縣南，自輞谷出，又稱為「輞谷水」。唐代詩人王維於此隱居。

六二

東風開柳眼，黃鳥罵桃花。①

①本條語出宋・白玉蟾〈懶翁齋賦〉。

六三

晴雪長松，開窗獨坐，恍如身在冰壺；斜陽芳草，攜杖閒吟，信是人行圖畫。

六四

小窗下修篁蕭瑟，野鳥悲啼；峭壁間醉墨淋漓，山靈呵護。霜林之紅樹，秋水之白蘋。

六五

雲收便悠然共遊，雨滴便冷然俱清；鳥啼便欣然有會，花落便灑然有得。

六六

千竿修竹，周遭半畝方塘；一片白雲，遮蔽五株垂柳。

六七

山館秋深，野鶴唳殘清夜月；江園春暮，杜鵑啼斷落花風。

六八

青山非僧不致，綠水無舟更幽；朱門有客方尊，緇衣絕糧益韻。

六九

杏花疏雨，楊柳輕風，興到欣然獨往；村落煙橫，沙灘月印，歌殘倏而言旋。

七〇

賞花酣酒，酒浮園菊方三盞；睡醒問月，月到庭梧第二枝。此時此興，亦復不淺。

七一

幾點飛鴉，歸來綠樹；一行征雁，界破青天。

七二

看山雨後，霽色一新，便覺青山倍秀；玩月江中，波光萬頃，頓令明月增輝。

七三

樓臺落日，山川出雲。①

①本條語出明．湯顯祖〈秦淮可遊賦〉。

七四

玉樹之長廊半陰，金陵之倒景猶赤。①

①本條語出明．湯顯祖〈秦淮可遊賦〉。

七五

小窗偃臥，月影到床，或逗留於梧桐，或搖亂於楊柳，翠華撲被，神骨俱仙。及從竹裡流來，如自蒼雲吐出。清送素蛾之環佩，逸移幽士之羽裳。相思足慰於故人，清嘯自紓【音同淤】於良夜。①

①本條語出明・吳從先《小窗自紀》。

七六

繪雪者，不能繪其清；繪月者，不能繪其明；繪花者，不能繪其香；繪風者，不能繪其聲；繪人者，不能繪其情。①

①本條語出宋・羅大經《鶴林玉露》。

七七

讀書宜樓，其快有五：無剝啄之驚，一快也；可遠眺，二快也；無濕氣浸床，三快也；木末竹顛，與鳥交語，四快也；雲霞宿高簷，五快也。

①本條語出明・吳從先《小窗自紀》。

七八

山徑幽深，十里長松引路，不倩金張①；俗態糾纏，一編殘卷療人，何須盧扁②。

①金張：金日磾與張安世的合稱。兩人均為漢宣帝時的權貴。後遂以「金張」代稱顯貴的世族。

②盧扁：春秋戰國時名醫。姓秦，名越人。因居於盧國，故也稱為「盧醫」、「盧扁」。

七九

喜方外之浩蕩，嘆人間之窘束；逢閬苑之逸客，值蓬萊之故人。忽據梧而策杖，亦披裘而負薪。出芝田而計畝，入桃源而問津。菊花兩岸，松聲一丘。葉動猿來，花驚鳥去。閱丘壑之新趣，縱江湖之舊心。①

①本條語出唐・王績〈遊北山賦〉。

八〇

籬邊杖履送僧，花鬚列於巾角；石上壺觴坐客，松子落我衣裾。①

①本條語出明・屠隆《娑羅館清言》。

八一

遠山宜秋，近山宜春，高山宜雪，平山宜月。

八二

珠簾蔽月，翻窺窈窕之花；綺幔藏雲，恐礙扶疏之柳。

八三

松子為餐，蒲根可服。

八四

煙霞潤色，荃蕙結芳。出澗幽而泉冽，入山戶而松涼。①

①本條語出南朝・謝朓〈擬宋玉風賦〉。

八五

旭日始暖，蕙草可織；園桃紅點，流水碧色。①

①本條語出南朝・江淹〈四時賦〉。

八六

玩飛花之度窗，看春風之入柳。命麗人於玉席，陳寶器於紈羅。①

①本條語出梁・簡文帝〈箏賦〉。

八七

忽翔飛而暫隱，時凌空而更颺。竹依窗而弄影，蘭因風而送香。①

①本條語出梁・蕭和〈螢火賦〉。

八八

風暫下而將飄，煙才高而不暝。①

①本條語出唐・唐太宗〈小山賦〉。

八九

悠揚綠水，訝合浦之同歸；燎繞青霄，環五星之一氣。①

①本條語出唐・元稹〈善歌如貫珠賦〉。

九〇

縟繡起於緹紡，煙霞生於灌莽。①

①本條語出唐．盧照鄰〈同崔少監作雙槿樹賦〉。

卷七 集韻

一

人生斯世，不能讀盡天下祕書靈笈，有目而昧，有口而啞，有耳而聾，而面上三斗俗塵，何時掃去？則「韻」之一字，其世人對症之藥乎？雖然，今世且有焚香啜茗，清涼在口，塵俗在心，儼然自附於韻，亦何異三家村老嫗，動口念阿彌，便云升天成佛也。集韻第七。

二

陳慥[1]家蓄數姬，每日晚藏花一枝，使諸姬射覆[2]，中者留宿，時號「花媒」。

①陳慥：字季常，號龍丘居士，宋眉州青神人。晚年棄第宅，庵居蔬食，戴方形高冠，人稱「方山子」。陳妻柳氏性妒悍，慥以懼內聞於世。

②射覆：古代一種猜謎遊戲。

三

雪後尋梅，霜前訪菊，雨際護蘭，風外聽竹。

四

清齋幽閉，時時暮雨打梨花；冷句忽來，字字秋風吹木葉。

五

多方分別，是非之竇易開；一味圓融，人我之見不立。①

①本條語出明・吳從先《小窗自紀》。

六

春雲宜山，夏雲宜樹，秋雲宜水，冬雲宜野。

七

清疏暢快，月色最稱風光；瀟灑風流，花情何如柳態。

八

春夜小窗兀坐，月上木蘭，有骨凌冰，懷人如玉。因想「雪滿山中高士臥，月明林下美人來」，語此際光景頗似。

①本條語出明・吳從先《小窗自紀》。

九

文房供具，藉以快目適玩，鋪疊如市，頗損雅趣。其點綴之法，羅羅清疏，方能得致。

一〇

香令人幽，酒令人遠，茶令人爽，琴令人寂，棋令人閒，劍令人俠，杖令人輕，麈令人雅，月令人清，竹令人冷，花令人韻，石令人雋，雪令人曠，僧令人淡，蒲團令人野，美人令人憐，山水令人奇，書史令人博，金石鼎彝令人古。

一一

吾齋之中，不尚虛禮，凡入此齋，均為知己。隨分款留，忘形笑語，不言是非，不侈榮利，閒談古今，靜玩山水，清茶好酒，以適幽趣，臭味之交，如斯而已。①

①本條據宋・司馬光〈真率銘〉改寫，原文為：「吾齋之中，弗尚虛禮。不迎客來，不送客去。賓主無間，坐列無序。真率為約，簡素為具。有酒且酌，無酒且止。清琴一曲，好香一炷。閒談古今，靜玩山水。不言是非，不論官事。行立坐臥，忘形適意。冷淡家風，林泉高致。道義之交，如斯而已。羅列腥膻，周旋布置，俯仰奔趨，揖讓拜跪。內非真誠，外徒矯偽。一關利害，反目相視。此世俗交，吾斯屏棄！」

一二

窗宜竹雨聲，亭宜松風聲，几宜洗硯聲，榻宜翻書聲，月宜琴聲，雪宜茶聲，春宜箏聲，秋宜笛聲，夜宜砧聲。

一三

雞壇①可以益學，鶴陣②可以善兵。

①雞壇：指交友。

②鶴陣：一種古代戰爭中的陣法。

一四

翻經如壁觀僧，飲酒如醉道士，橫琴如黃葛野人[①]，肅客如碧桃漁父。

①黃葛野人：指隱居山林不願出仕的隱者。

一五

竹徑款扉，柳陰班席。每當雄才之處，明月停輝，浮雲駐影。退而與諸俊髦西湖靚媚，賴此英雄，一洗粉澤。

一六

雲林[①]性嗜茶，在惠山中，用核桃、松子肉和白糖，成小塊，如石子，置茶中，出以啖客，名曰「清泉白石」。[②]

①雲林：倪瓚，字元鎮，雲林為其號，元代著名畫家，與黃公望、王蒙、吳鎮並稱「元四家」，好飲茶。

②本條語出明．顧元慶《雲林遺事》。

一七

有花皆刺眼，無月便攢眉，當場得無妒我。花歸三寸管，月代五更燈，此事何可語人。

一八

求校書於女史，論慷慨於青樓。

一九

填不滿貪海，攻不破疑城。

二〇

機息便有月到風來，不必苦海人世。心遠自無車塵馬跡，何須痼疾丘山？

二一

郊中野坐，固可班荊；徑裡閒談，最宜拂石。侵雲煙而獨冷，移開清嘯胡床；藉竹木以成幽，撤去莊嚴蓮坐。

二二

幽心人似梅花[1]，韻心士同楊柳。

①本條語出宋・白玉蟾〈賞梅感興〉：「千樹梅花明如月，一天月華皎如雪。幽人心似梅花清，梅花亦作如是說。銀色世界生梅花，水晶宮中明月華。醉臥月華嚼梅蘂，滿身清影亂交加。今夕幽人換詩骨，花月即是詩衣缽。明朝花作雪片飛，花下鶴雛啄苔髮。」

二三

情因年少，酒因境多。

二四

看書築得村樓，空山曲抱；趺坐掃來花徑，亂水斜穿。

二五

倦時呼鶴舞，醉後倩僧扶。

二六

筆床茶灶不巾櫛，閉戶潛夫，寶軸牙籤，少鬚眉下帷董子。鳥銜幽夢遠，只在數尺窗紗，蛩遞秋聲悄無言，一龕燈火。①

①本條語出明．陳繼儒〈玉鴛閣詩集序〉。

二七

藉草班荊，安穩林泉之叟；披裘①拾穗，逍遙草澤之臞②。

①披裘：春秋時隱士。漢．王充《論衡．書虛》：「延陵季子出遊，見路有遺金，當夏五月，有披裘而薪者，季子呼薪者曰：『取彼地金！』採薪者投鐮於地，瞋目拂手而言曰：『何子居之高，視之下，儀貌之壯，語言之野也。吾當夏五月，披裘而薪，豈取金者哉！』季子謝之，請問姓字，薪者曰：『子皮相之士也，何足語姓字！』遂去不顧。」

②臞：音同渠。清瘦、瘦弱，在此指隱士。

二八

萬綠陰中，小亭避暑，八闥①洞開，几簟皆綠。雨過蟬聲來，花氣令人醉。

①闥：音同踏。原指門扉，此指窗戶。

二九

剸①犀截雁之舌鋒，逐日追風之腳力。

①剸：音同團，意指割截。

三〇

瘦影疏而漏月，香陰氣而墮風。

三一

修竹到門雲裡寺，流泉入袖水中人。①

①本條語出明・王穉登〈雨中同諸君東遊東錢湖〉詩：「亂崖層壑水粼粼，一見漁舟一問津。修竹到門雲裡寺，流泉入袖雨中人。地從南渡多遺恨，湖比西家亦效顰。酒似鵝黃人似玉，不須深歎客途貧。」

三二

詩題半作逃禪偈，酒價都為買藥錢。①

①本條語出明・王穉登〈答袁相公問病二首・其二〉詩：「形骸土木佛燈前，黃閣情深有夢牽。喘似吳牛初見月，瘦如遼鶴不沖天。詩題半作逃禪偈，酒價都為買藥錢。知己未酬徒骨立，一生孤負佩龍泉。」

三三

掃石月盈帚，濾泉花滿篩。①

①本條語出唐・李洞〈喜鸞公自蜀歸〉詩：「詩禁院閉生臺，尋師到綠槐。寺高猿看講，鐘動鳥知齋。掃石月盈帚，濾泉花滿篩。歸來逢聖節，吟步上堯階。」

三四

流水有方能出世，名山如藥可輕身。

三五

與梅同瘦，與竹同清，與柳同眠，與桃李同笑，居然花裡神仙；與鶯同聲，與燕同語，與鶴同唳，與鸚鵡同言，如此話中知己。

三六

栽花種竹，全憑詩格取裁；聽鳥觀魚，要在酒情打點。

三七

登山遇厲瘴，放艇遇腥風，抹竹遇繆絲，修花遇酲霧，歡場遇害馬，吟席遇傖夫，若斯不遇，甚於泥塗。偶集逢好花，踏歌逢明月，席地逢軟草，攀登逢疏藤，展卷逢靜雲，戰茗逢新雨，如此相逢，適於知己。

三八

草色遍溪橋，醉得蜻蜓春翅軟；花風通驛路，迷來蝴蝶曉魂香。

三九

田舍兒強作馨語，博得俗因；風月場插入傖父，便成惡趣。詩瘦到門鄰，病鶴清影頗嘉；書貧經座並，寒蟬雄風頓挫。梅花入夜影，蕭疏頓令月瘦；柳絮當空晴，恍忽偏惹風狂。花陰流影，散為半院舞衣；水響飛音，聽來一溪歌板。

四〇

萍花香裡風清，幾度漁歌；楊柳影中月冷，數聲牛笛。

四一

謝將縹緲無歸處，斷浦沉雲；行到紛紜不繫時，空山掛雨。①

①本條語改寫自宋・史達祖〈齊天樂〉詞，原詞為：「闌干只在鷗飛處，年年怕吟秋興。斷浦沉雲，空山掛雨，中有詩愁千頃。波聲未定。望舟尾拖涼，渡頭籠暝。正好登臨，有人歌罷翠簾冷。　悠然魂墮故里，奈閒情未了，還被吹醒。拜月虛簷，聽蛩懷砌，誰復能憐嬌俊？憂心耿耿。寄桐葉芳題，冷楓新詠。莫遣秋聲，樹頭喧夜永。」

四二

渾如花醉，潦倒何妨？絕勝柳狂，風流自賞。

四三

春光濃似酒，花故醉人；夜色澄如水，月來洗俗。

四四

雨打梨花深閉門，怎生消遣？吩咐梅花自主張，著甚牢騷！對酒當歌，四座好風隨月到；脫巾露頂，一樓新雨帶雲來。浣花溪內，洗十年遊子衣塵；修竹林中，定四海良朋交籍。人語亦語，詆其味於鉗口；人默亦默，訾其短於雌黃。

四五

豔陽天氣，是花皆堪釀酒；綠陰深處，凡葉盡可題詩。

四六

曲沼荇香侵月，未許魚窺；幽關松冷巢雲，不勞鶴伴。

四七

篇詩斗酒，何殊太白之丹丘；扣舷吹簫，好繼東坡之〈赤壁〉。獲佳文易，獲文友難；獲文友易，獲文姬難。

四八

茶中著料，碗中著果，譬如玉貌加脂，峨眉著黛，翻累本色。[1]煎茶非漫浪，要須人品與茶相得，故其法往往傳於高流隱逸，有煙霞泉石磊落胸次者。[2]

①此段語出自明．盧之頤《本草乘雅半偈》。

②此段語改寫自明．陸樹聲〈煎茶七類〉：「一、人品：煎茶雖凝清小雅，然要須其人與茶品相得，故其法每傳於高流大隱、雲霞泉石之輩、魚蝦麋鹿之儔。」

四九

樓前桐葉，散為一院清陰；枕上鳥聲，喚起半窗紅日。[1]

①本條語出明．屠隆《婆羅館清言》。

五〇

天然文錦，浪吹花港之魚；自在笙簧，風戛園林之竹。

五一

高士流連，花木添清疏之致；幽人剝啄，莓苔生淡冶之光。

五二

松澗邊攜杖獨往，立處雲生破衲；竹窗下枕書高臥，覺時月浸寒氈。

五三

散履閒行，野鳥忘機時作伴；披襟兀坐，白雲無語漫相留。

五四

客到茶煙起竹下，何嫌展破蒼苔；詩成筆影弄花間，且喜歌飛〈白雪〉。

五五

月有意而入窗，雲無心而出岫[①]。

①雲無心而出岫：此句出自晉・陶淵明〈歸去來兮辭〉，原文為：「園日涉以成趣，門雖設而常關。策扶老以流憩，時矯首而遐觀。雲無心以出岫，鳥倦飛而知還。景翳翳以將入，撫孤松而盤桓。」（節錄）

五六

屏絕外慕，偃息長林，置理亂於不聞，託清閒而自佚。松軒竹塢，酒甕茶鐺，山月溪雲，農蓑漁罟[1]。

①罟：音同古。漁網。

五七

怪石為實友，名琴為和友，好書為益友，奇畫為觀友，法帖為範友，良硯為礪友，寶鏡為明友，淨几為方友，古瓷為虛友，舊爐為薰友，紙帳為素友，拂麈為靜友。

五八

掃徑迎清風，登臺邀明月。琴觴之餘，間以歌詠，止許鳥語花香，來吾几榻耳。

五九

風波塵俗，不到意中；雲水淡情，常來想外。

六〇

紙帳梅花，休驚他三春清夢；筆牀茶灶，可了我半日浮生。酒澆清苦月，詩慰寂寥花。

六一

好夢乍回，沉心未燼，風雨如晦，竹響入床，此時興復不淺。

六二

山非高峻不佳，不遠城市不佳，不近林木不佳，無流泉不佳，無寺觀不佳，無雲霧不佳，無樵牧不佳。①

①本條語出明．莫是龍〈筆塵〉：「山非高峻不佳，山非幽深不佳，山非遠城市不佳，山非近林水不佳，山無樵牧不佳，山無寺觀不佳，山無流泉不佳，山無雲霧不佳。古之真隱曠士有道術者，多托跡乎山嶽焉。要之山無隱士則林虛，故世有巢居子，山道尊矣。」（節錄）

六三

一室十圭，寒蛩聲喑，折腳鐺邊，敲石無火。冰月在軒，燈魂未滅，攬衣獨坐，如遊皇古。意思虛閒，世界清淨，我身我心，了不可取。此一境界，名最第一。①

①本條語出明．張大復《梅花草堂筆談．三境》：「抱影寒廬，夜深無寐。漫數樂事，得三境焉。其一曰禪喜。一室十圭，寒蛩聲喑，折腳鐺邊。敲石無火，冰月在軒，燈魂未滅，攬衣獨坐，如遊皇古。意思虛閒，世界清淨，我身我心，了不可取。此一境界，名最第一。」（節錄）

六四

「花枝送客蛙催鼓，竹籟喧林鳥報更。」謂山史實錄。①

①本條語出明．陳繼儒《巖幽棲事》：「山鳥每至五更，喧起五次，謂之『報更』。蓋山中真率漏聲也。余憶曩居小昆山下，時梅雨初霽，座客飛觴，適聞庭蛙，請以節飲。因題聯云：『花枝送客蛙催鼓，竹籟喧林鳥報更。』可謂山史實錄。」

六五

遇月夜，露坐中庭，心爇香一支，可號「伴月香」。①

①本條改寫自宋．陶穀《清異錄》：「徐鉉或遇月夜，露坐中庭，但爇佳香一炷，其所親私別號『伴月香』。」

六六

襟韻灑落，如晴雪秋月，塵埃不可犯。[1]

①本條出自《宋史．文同傳》。

六七

峰巒窈窕，一拳便是名山；花竹扶疏，半畝如同金谷。

六八

觀山水亦如讀書，隨其見趣高下。

六九

名利場中羽客，人人輸蔡澤[1]一籌；煙花隊裡仙流，個個讓之渙[2]獨步。

①蔡澤：戰國時代燕國人，曾任秦國宰相，號綱成君。蔡澤早年懷才不遇，聽聞秦相范睢向秦王舉薦之人才接連背叛，因此遊說范睢，盡快辭去宰相之職，引退山林，可享隱士之美譽、仙人的高壽，免於如商鞅等人的結局。後蔡澤相秦，遭人讒言，亦稱病辭官。

②之渙：王之渙，自季凌，盛唐詩人，以〈登鸛雀樓〉詩聞名。原文為「渙之」，疑有誤。

七〇

深山高居，爐香不可缺，取老松柏之根枝實葉，共搗治之，研風昉[1]羼[2]和之，每焚一丸，亦足助清苦。

①風昉：疑為防風，中藥名。

②羼：音同懺，混雜之意。

七一

白日羲皇世，青山綺皓心。①

①本條語出元・藍智〈秋日遊石堂奉呈盧僉憲〉詩：「荒郊通徑僻，野竹閉門深。白日羲皇世，青山綺皓心。潛蛟多在壑，宿鳥獨歸林。知爾荷鋤倦，時為〈梁甫吟〉。」

七二

松聲、澗聲、山禽聲、夜蟲聲、鶴聲、琴聲、棋子落聲、雨滴階聲、雪灑窗聲、煎茶聲，皆聲之至清，而讀書聲為最。①

①本條語出明・陳繼儒〈讀書止觀錄〉：「倪文節公云：『松聲、澗聲，山禽聲，夜蟲聲，鶴聲，琴聲，棋子落聲，雨滴階聲，雪灑窗聲，煎茶聲，皆聲之至清者也。而讀書聲為最。聞他人讀書聲，已極可喜；更聞子弟讀書聲，則喜不可勝言矣。』又云：『天下之事，利害常相半，有全利而無少害者，唯書。不問貴賤、貧富、老少，觀書一卷則有一卷之益；觀書一日，則有一日之益。故有全利無少害也。』讀書者當作此觀。」

七三

曉起入山，新流沒岸；棋聲未盡，石磬依然。①

①本條語出宋・文天祥〈與朱太傅書〉。

七四

松聲竹韻，不濃不淡。

七五

何必絲與竹，山水有清音。①

①本條語出晉・左思〈招隱〉詩：「杖策招隱士，荒塗橫古今。巖穴無結構，丘中有鳴琴。白雪停陰岡，丹葩曜陽林。石泉漱瓊瑤，纖鱗亦浮沉。何必絲與竹，山水有清音。何事待嘯歌，灌木自悲吟。秋菊兼糇糧，幽蘭間重襟。躊躇足力煩，聊欲投吾簪。」

七六

世路中人，或圖功名，或治生產，盡自正經，爭奈大地間好風月、好山水、好書籍，了不相涉，豈非枉卻一生！

七七

李岩老①好睡。眾人食罷下棋，巖老輒就枕，閱數局乃一展轉，云：「我始一局，君幾局矣？」②

①李岩老：宋人，蘇軾之友。

②本條語出宋・蘇軾《東坡志林》。

七八

晚登秀江亭，澄波古木，使人得意於塵埃之外，蓋人閒景幽，兩相奇絕耳。①

①本條語出宋・黃庭堅〈書吳叔元亭壁〉。

七九

筆硯精良，人生一樂，徒設只覺村妝；琴瑟在御，莫不靜好，才陳便得天趣。

八〇

《蔡中郎傳》①，情思逶迤；《北西廂記》②，興致流麗。學他描神寫景，必先細味沉吟，如曰寄趣本頭，空博風流種子。

①蔡中郎傳：即明・高明所編寫《琵琶記》，講述蔡邕與趙五娘的故事。

②北西廂記：即元・王實甫所編寫《西廂記》雜劇，講述張君瑞與崔鶯鶯的戀愛故事。

八一

夜長無賴，徘徊蕉雨半窗；日永多閒，打疊桐陰一院。

八二

雨穿寒砌，夜來滴破愁心；雪灑虛窗，曉去散開清影。

八三

春夜宜苦吟，宜焚香讀書，宜與老僧說法，以銷豔思。夏夜宜閒談，宜臨水枯坐，宜聽松聲冷韻，以滌煩襟。秋夜宜豪遊，宜訪快士，宜談兵說劍，以除蕭瑟。冬夜宜茗戰，宜酌酒說《三國》、《水滸》、《金瓶梅》諸集，宜箸竹肉，以破孤岑。

八四

玉之在璞，追琢則珪璋；水之發源，疏浚則川沼。①

①本條語出唐．陸贄〈論朝官闕員及刺史等改轉倫序狀〉：「蓋以人皆含靈，唯所誘致，如玉之在璞，抵擲則瓦石，追琢則圭璋；如水之發源，壅淤則汙泥，疏浚則川沼。是以書籍所載，歷代同途，祚屬殷昌，必時多雋乂，運鍾衰季，則朝乏英髦。」（節錄）

八五

山以虛而受，水以實而流，讀書當作如是觀。

八六

古之君子，行無友，則友松竹；居無友，則友雲山。余無友，則友古之友松竹、友雲山者。

八七

買舟載書，作無名釣徒。每當草蓑月冷，鐵笛風清，覺張志和①、陸天隨②去人未遠。

①張志和：字子同。唐代詩人、道士。自號煙波釣徒、玄真子。浪跡江湖，隱居祁門。

②陸天隨：即陸龜蒙，唐代文人，隱居耕讀，好垂釣，自號江湖散人、甫里先生、天隨子。

八八

「今日鬢絲禪榻畔，茶煙輕颺落花風。」①此趣唯白香山得之。

①兩句語出唐．杜牧〈題禪院〉詩：「觥船一棹百分空，十歲青春不負公。今日鬢絲禪榻畔，茶煙輕颺落花風。」

八九

清姿如臥雲餐雪，天地盡愧其塵汙；雅致如蘊玉含珠，日月轉嫌其洩露。

九〇

焚香啜茗，自是吳中習氣，雨窗卻不可少。

九一

茶取色臭俱佳，行家偏嫌味苦；香須沖淡為雅，幽人最忌煙濃。

九二

朱明[1]之候，綠陰滿林，科頭散髮，箕踞白眼[2]，坐長松下，蕭騷流觴，正是宜人疏散之場。

①朱明：夏季。
②白眼：冷眼。

九三

讀書夜坐，鐘聲遠聞，梵響相和，從林端來，洒洒窗几上，化作天籟虛無矣。

九四

夏日蟬聲太煩，則弄簫隨其韻轉；秋冬夜聲寥颯，則操琴一曲咻之。

九五

心清鑒底瀟湘月，骨冷禪中太華秋。[①]

①本條語出唐・齊己〈憶舊山〉詩：「誰請衰羸住北州，七年魂夢舊山丘。心清鑒底瀟湘月，骨冷禪中太華秋。高節未聞馴虎豹，片言何以傲王侯。應須脫灑孤峰去，始是分明個剃頭。」

九六

語鳥名花，供四時之吟嘯；清泉白石，成一世之幽懷。

九七

掃石烹泉，舌底朝朝茶味；開窗染翰，眼前處處詩題。

九八

權輕勢去，何妨張雀羅於門前；位高金多，自當效蛇行於郊外。蓋炎涼世態，本是常情，故人所浩歎，唯宜付之冷笑耳。

九九

溪畔輕風，沙汀印月，獨往閒行，嘗喜見漁家笑傲；松花釀酒，春水煎茶，甘心藏拙，不復問人世興衰。

一〇〇

手撫長松，仰視白雲，庭空鳥語，悠然自欣。

一〇一

或夕陽籬落，或明月簾櫳，或雨夜連榻，或竹下傳觴，或青山當戶，或白雲可庭，於斯時也，把臂促膝，相知幾人，謔語雄談，快心千古。

一〇二

疏簾清簟，銷白晝唯有棋聲；幽徑柴門，印蒼苔只容屐齒。

一〇三

落花慵掃，留襯蒼苔；村釀新篘[1]，取燒紅葉。

①新篘：篘，音同抽，指用來濾酒的竹籠。新篘，新釀之酒。

一〇四

幽徑蒼苔，杜門謝客；綠陰清晝，脫帽觀詩。

一〇五

煙蘿掛月，靜聽猿啼；瀑布飛虹，閒觀鶴浴。

一〇六

簾捲八窗，面面雲峰送碧；塘開半畝，瀟瀟煙水涵清。

一〇七

雲衲高僧，泛水登山，或可藉以點綴；如必蓮座說法，則詩酒之間，自有禪趣，不敢學苦行頭陀，以作死灰。[1]

①本條語出明．吳從先《小窗自紀》。

一〇八

邀遊仙子，寒雲幾片束行妝；高臥幽人，明月半床供枕簟。[1]

①本條語出明．吳從先《小窗自紀》。

一〇九

落落者難合，一合便不可分；欣欣者易親，乍親忽然成怨。故君子之處世也，寧風霜自挾，無魚鳥親人。

一一〇

海內慇勤，但讀〈停雲〉之賦[1]，目中寥廓，徒歌〈明月〉之詩[2]。

①〈停雲〉之賦：指晉．陶淵明〈停雲〉詩，原文為：「靄靄停雲，濛濛時雨。八表同昏，平路伊阻。靜寄東軒，春醪獨撫。良朋悠邈，搔首延佇。停雲靄靄，時雨濛濛。八表同昏，平陸成江。有酒有酒，閒飲東窗。願言懷人，舟車靡從。東園之樹，枝條載榮。競用新好，以怡余情。人亦有言，日月于征。安得促席，說彼平生？翩翩飛鳥，息我庭柯。斂翮閒止，好聲相和。豈無他人，念子寔多，願言不獲，抱恨如何？」

②〈明月〉之詩：指〈古詩十九首．明月皎夜光〉，原文為：「明月皎夜光，促織鳴東壁。玉衡指孟冬，眾星何歷歷。白露沾野草，時節忽復易。秋蟬鳴樹間，玄鳥逝安適。昔我同門友，高舉振六翮。不念攜

手好，棄我如遺跡。南箕北有斗，牽牛不負軛。良無盤石固，虛名復何益？」

一一一

生平願無恙者四：一曰青山，一曰故人，一曰藏書，一曰名草。

一一二

聞暖語如挾纊[①]，聞冷語如飲冰，聞重語如負山，聞危語如壓卵，聞澀語如佩玉，聞益語如贈金。

①挾纊：纊，音同況，棉絮。挾纊，即身披綿衣之意。

一一三

旦起理花，午窗剪葉，或截草作字。夜臥懺罪，令一日風流瀟散之過，不致墮落。

一一四

快欲之事，無如饑餐；適情之時，莫過甘寢。求多於情欲，即侈汰亦茫然也。[①]

①本條語出明・吳從先《小窗自紀》。

一一五

客來花外茗煙低，共銷白晝；酒到梁間歌雪繞，不負清尊。[①]雲隨羽客，在瓊臺雙闕之間；鶴唳芝田，正桐陰靈虛之上。

①此四句語出明・吳從先《小窗自紀》。

卷八　集奇

一

我輩寂處窗下，視一切人世，俱若蠛蠓①癭塊②，不堪寓目。而有一奇文怪說，目數行下，便狂呼叫絕，令人喜，令人怒，更令人悲。低迴數過，床頭短劍亦嗚嗚作龍虎吟，便覺人世一切不平，俱付煙水。集奇第八。

①蠛蠓：蠛，音同滅；蠓，音同猛。一種微細昆蟲，色白，頭有絮毛，將下雨時，群飛塞路。

②癭塊：癭，音同影，頸瘤。原文做「嬰愧」，疑有誤。

二

呂聖公之不問朝士名①，張師亮之不發竊器奴②，韓稚圭之不易持燭兵③，不獨雅量過人，正是用世高手。

①《宋史．呂蒙正傳》：「蒙正初入朝堂，有朝士指之曰：『此子亦參政耶？』蒙正佯為不聞而過之。同列不能平，詰其姓名，蒙正遽止之曰：『若一知其姓名，則終身不能忘，不若毋知之為愈也。』時皆服其量。」

②宋．魏泰《東軒筆錄》：「張文定公齊賢，以右拾遺為江南轉運使。一日家宴，一奴竊銀器數事於懷中，文定自簾下熟視不問爾。後齊賢為宰相，門下廝役往往侍班行，而此奴竟不沾祿。奴隸間再拜而告曰：『某事相公最久，凡後於某者皆得官矣。相公獨遺某，何也？』因泣下不止。文定憫然語曰：『我

欲不言，爾乃怨我。爾憶江南日盜吾銀器數事乎？我懷之三十年不以告人，雖爾亦不知也。吾備位宰相，進退百官，志在激濁揚清，敢以盜賊薦耶？念汝事吾日久，今予汝錢三百千，汝其去吾門下，自擇所安。蓋吾既發汝平昔之事，汝其有愧於吾而不可復留也。』奴震駭，泣拜而去。」

③宋・司馬光《涑水記聞》：「韓魏公帥定武時，夜作書，令一侍兵執燭於旁。侍兵他顧，燭燃公鬚，遽以袖麾之，而作書如故。少頃，回視，已易其人。公恐主吏鞭之，亟呼曰：『勿易之，渠方解持燭矣。』軍中感服。」

三

花看水影，竹看月影，美人看簾影。[1]

①本條語出明・吳從先《小窗自紀》。

四

佞佛若可懺罪，則刑官無權；尋仙若可延年，則上帝無主。達士盡其在我，至誠貴於自然。[1]

①本條語出明・吳從先《小窗自紀》。

五

以貨財害子孫，不必操戈入室；以學校殺後世，有如按劍伏兵。君子不傲人以不如，不疑人以不肖。

六

讀諸葛武侯〈出師表〉而不墮淚者，其人必不忠；讀韓退之〈祭十二郎文〉而不墮淚者，其人必不友。①

①本條語出宋．趙與時《賓退錄》，原文為：「讀諸葛孔明〈出師表〉而不墮淚者，其人必不忠；讀李令伯〈陳情表〉而不墮淚者，其人必不孝；讀韓退之〈祭十二郎文〉而不墮淚者，其人必不友。」

七

世味非不濃豔，可以淡然處之。獨天下之偉人與奇物，幸一見之，自不覺魄動心驚。

八

道上紅塵，江中白浪，饒他南面百城；花間明月，松下涼風，輸我北窗一枕。①

①此條語出明．屠隆《婆羅管清言》。

九

立言亦何容易，必有包天、包地、包千古、包來今之識；必有驚天、驚地、驚千古、驚來今之才；必有破天、破地、破千古、破來今之膽。

一〇

聖賢為骨，英雄為膽，日月為目，霹靂為舌。

一一

瀑布天落，其噴也珠，其瀉也練，其響也琴。

一二

平易近人，會見神仙濟度；瞞心昧己，便有邪祟出來。

一三

佳人飛去還奔月，騷客狂來欲上天。

一四

涯如沙聚，響若潮吞。

一五

詩書乃聖賢之供案，妻妾乃屋漏之史官。

一六

強項者未必為窮之路，屈膝者未必為通之媒。故銅頭鐵面，君子落得做個君子；奴顏卑膝，小人枉自做了小人。

一七

有仙骨者，月亦能飛；無真氣者，形終如槁。

一八

一世窮根，種在一捻傲骨；千古笑端，伏於幾個殘牙。

一九

石怪常疑虎，雲閒卻類僧。

二〇

大豪傑，捨己為人；小丈夫，因人利己。

二一

一段世情，全憑冷眼覷破；幾番幽趣，半從熱腸換來。

二二

識盡世間好人，讀盡世間好書，看盡世間好山水。

二三

舌頭無骨，得言句之總持；眼裡有筋，具遊戲之三昧。①

①本條語出《林泉老人評唱投子青和尚頌古空谷集》。

二四

群居閉口，獨坐防心。

二五

當場傀儡，還我為之；大地眾生，任渠笑罵。

二六

三徙成名，笑范蠡碌碌浮生，縱扁舟忘卻五湖風月；一朝解綬，羨淵明飄飄遺世，命巾車歸來滿室琴書。

二七

人生不得行胸懷，雖壽百歲，猶夭也。①

①本條語出宋・沈約《宋書・蕭惠開列傳》。

二八

棋能避世，睡能忘世。棋類耦耕之沮溺，去一不可；睡同御風之列子，獨往獨來。

二九

以一石一樹與人者，非佳子弟。

三〇

一勺水，便具四海水味，世法不必盡嘗；千江月，總是一輪月光，心珠宜當獨朗。

三一

面上掃開十層甲，眉目才無可憎；胸中滌去數斗塵，語言方覺有味。

三二

愁非一種，春愁則天愁地愁；怨有千般，閨怨則人怨鬼怨。天懶雲沉，雨昏花蹙，法界豈少愁雲；石頹山瘦，水枯木落，大地覺多窘況。

三三

筍含禪味，喜坡仙玉版之參[1]；石結清盟，受米顛袍笏之辱[2]。

①宋．惠洪《冷齋夜話》：「（蘇軾）嘗要劉器之同參玉版和尚，器之每倦山行，聞見玉版，忻然從之。至廉泉寺，燒筍而食，器之覺筍味勝，問：『此筍何名？』東坡曰：『即玉版也。此老師善說法，要能令人得禪悅之味。』於是器之乃悟其戲，為大笑。東坡亦作偈曰：『叢林真百丈，嗣法有橫枝。不怕石頭路，來參玉版師。聊憑柏樹子，與問籜龍兒。瓦礫猶能說，此君那不知。』」

②《宋史．米芾傳》：「無為州治有巨石，狀奇醜，芾見大喜曰：『此足以當吾拜！』具衣冠拜之，呼之為兄。」

三四

文如臨畫，曾致誚於昔人；詩類書抄，竟沿流於今日。

三五

緗綈[1]遞滿而改頭換面，茲律既湮；縹帙[2]動盈而活剝生吞，斯風亦墜。先讀經，後可讀史；非作文，未可作詩。

①緗綈：緗，淺黃色的絲織品。綈，音同提，古代一種光滑細澤的厚絲織品。可用來製袍、寫字等。緗綈指淺黃色絲織品，用於寫字之用。

②縹帙：本為淺青色的書衣，今為書卷之稱。

三六

俗氣入骨，即吞刀刮腸，飲灰洗胃，覺俗態之益呈；正氣效靈，即刀鋸在前，鼎鑊具後，見英風之益露。

三七

於琴得道機，於棋得兵機，於卦得神機，於蘭得仙機。

三八

相禪遐思唐虞，戰爭大笑楚漢，夢中蕉鹿①猶真，覺後蓴鱸②一幻。

①夢中蕉鹿：《列子・周穆王》：「鄭人有薪於野者，遇駭鹿，禦而擊之，斃之。恐人見之也，遽而藏諸隍中，覆之以蕉。不勝其喜。俄而遺其所藏之處，遂以為夢焉。順途而詠其事，旁人有聞者，用其言而取之……薪者之歸，不厭失鹿，其夜真夢藏之之處，又夢得之之主，爽旦，按所夢而尋得之，遂訟而爭之，歸之士師。士師曰：『若初真得鹿，妄謂之夢；真夢得鹿，妄謂之實。』」

②蓴鱸：《世說新語・識鑑》：「張季鷹辟齊王東曹掾，在洛見秋風起，因思吳中菰菜羹、鱸魚膾，曰：『人生貴得適意爾，何能羈宦數千里以要名爵！』遂命駕便歸。俄而齊王敗，時人皆謂為見機。」

三九

世界極於大千，不知大千之外更有何物；天宮極於非想，不知非想之上畢竟何窮。

四〇

千載奇逢，無如好書良友；一生清福，只在茗碗爐煙。

四一

作夢則天地亦不醒，何論文章？為客則洪濛無主人，何有章句？

四二

豔出浦之輕蓮，麗穿波之半月。①

①本條語出唐．駱賓王〈揚州看競渡序〉：「夏日江干，駕言臨眺，於時桂舟始泛，蘭棹初遊，鼓吹沸於江山，綺羅蔽於雲日。便娟舞袖，向綠水以頻低；飄颻歌聲，得清風而更遠。是以臨波笑臉，豔出浦之輕蓮；映渚蛾眉，麗穿波之半月。靚妝舊飾，此日增奇；弦管相催，茲辰特妙。能使洛川回雪，猶賦陳思；巫嶺行雲，專稱宋玉，凡諸同好，請各賦詩云爾。」

四三

雲氣恍堆窗裡岫，絕勝看山；泉聲疑瀉竹間樽，賢於對酒。杖底唯雲，囊中唯月，不勞關市之譏；石笥藏書，池塘洗墨，豈供山澤之稅。

四四

有此世界，必不可無此傳奇，有此傳奇，乃可維此世界，則傳奇所關非小，正可藉口《西廂》一卷，以為風流談資。

四五

非窮愁不能著書，當孤憤不宜說劍。

四六

湖山之佳，無如清曉春時。當乘月至館，景生殘夜，水映岑樓，而翠黛臨階，吹流衣袂，鶯聲鳥韻，催起鬨然。披衣步林中，則曙光薄戶，明霞射几，輕風微散，海旭乍來，見沿堤春草霏霏，明媚如織，遠岫朗潤出林，長江浩渺無涯，嵐光晴氣，舒展不一，大是奇絕。

四七

心無機事，案有好書，飽食晏眠，時清體健，此是上界真人。讀《春秋》，在人事上見天理；讀《周易》，在天理上見人事。

四八

則何益矣，茗戰有如酒兵；試妄言之，談空不若說鬼。[1]

①本條語出明．吳從先《小窗自紀》。

四九

鏡花水月，若使慧眼看透；筆彩劍光，肯教壯志銷磨。[1]

①本條語出明．吳從先《小窗自紀》。

五〇

烈士須一劍，則芙蓉[1]、赤精[2]，亦不惜千金購之。士人唯寸管，映日干雲之器，那得不重值相索！

①芙蓉：漢．袁康《越絕書．外傳記寶劍》：「昔者，越王句踐有寶劍五，聞於天下……王取純鈞，薛燭聞之，忽如敗。有頃，懼如悟。下階而深惟，簡衣而坐望之。手振拂揚，其華捽如芙蓉始出。觀其釽，爛如列星之行；觀其光，渾渾如水之溢於塘；觀其斷，巖巖如瑣石；觀其才，煥煥如冰釋。」

②赤精：《漢書．哀帝紀》：「侍詔夏賀良等言赤精子之讖，漢家曆運中衰，當再受命，宜改元易號。詔曰：『漢興二百載，曆數開元。皇天降非材之佑，漢國再獲受命之符，朕之不德，曷敢不通！夫基事之元命，必與天下自新，其大赦天下。以建平二年為太初元將元年。號曰陳聖劉太平皇帝。漏刻以百二十為度。』」東漢．應邵注：「高祖感赤龍而生，自謂赤帝之精，良等因是作此讖文。」

五一

委形無寄，但教鹿豕為群；壯志有懷，莫遣草木同朽。

五二

哄日吐霞，吞河漱月，氣開地震，聲動天發。①

①本條語出南朝．張融〈海賦〉。

五三

議論先輩，畢竟沒學問之人；獎惜後生，定然關世道之寄。

五四

貧富之交，可以情諒，鮑子所以讓金；貴賤之間，易以勢移，管寧所以割席。①

①本條語出明．吳從先《小窗自紀》。

五五

論名節，則緩急之事小；較生死，則名節之論微。但知為餓夫以採南山之薇①，不必為枯魚以需西江之水②。

①餓夫以採南山之薇：《史記・伯夷列傳》：「伯夷、叔齊，孤竹君之二子也。父欲立叔齊，及父卒，叔齊讓伯夷。伯夷曰：『父命也。』遂逃去。叔齊亦不肯立而逃之。國人立其中子。於是伯夷、叔齊聞西伯昌善養老，盍往歸焉。及至，西伯卒，武王載木主，號為文王，東伐紂。伯夷、叔齊叩馬而諫曰：『父死不葬，爰及干戈，可謂孝乎？以臣弒君，可謂仁乎？』左右欲兵之。太公曰：『此義人也。』扶而去之。武王已平殷亂，天下宗周，而伯夷、叔齊恥之，義不食周粟，隱於首陽山，採薇而食之。及餓且死，作歌。」

②不必為枯魚以需西江之水：《莊子・外物》：「莊周家貧，故往貸粟於監河侯。監河侯曰：『諾。我將得邑金，將貸子三百金，可乎？』莊周忿然作色曰：『周昨來，有中道而呼者。周顧視，車轍中有鮒魚焉。周問之曰：「鮒魚來，子何為者耶？」對曰：「我，東海之波臣也。君豈有斗升之水而活我哉？」周曰：「諾！我且南游吳越之王，激西江之水而迎子，可乎？」鮒魚忿然作色曰：「吾失我常與，我無所處。吾得斗升之水然活耳。君乃言此，曾不如早索我於枯魚之肆！」』」

五六

儒有一畝之宮①，自不妨草茅下賤；士無三寸之舌，何用此土木形骸。

①一畝之宮：指住屋狹小，面積只有十步見方。

五七

鵬為羽傑，鯤稱介豪，翼遮半天，背負重霄。

五八

「憐」之一字，吾不樂受，蓋有才而徒受人憐，無用可知；「傲」之一字，吾不敢矜，蓋有才而徒以資傲，無用可知。

五九

問近日講章孰佳，坐一塊蒲團自佳；問吾儕嚴師孰尊，對一枝紅燭自尊。

六〇

點破無稽不根之論，只須冷語半言；看透陰陽顛倒之行，唯此冷眼一隻。

六一

古之釣也，以聖賢為竿，道德為綸，仁義為鉤，利祿為餌，四海為池，萬民為魚。釣道微矣，非聖人其孰能之。①

①本條語出宋玉〈釣賦〉。

六二

既稍雲於清漢，亦倒影於華池。①

①本條語出南朝・沈約〈高松賦〉。

六三

浮雲迴度，開月影而彎環；驟雨橫飛，挾星精而搖動。①

①本條語出唐・元稹〈觀兵部馬射賦〉。

六四

天台嶸起①，繞之以赤霞；赤城孤峙，覆之以蓮花。②

①嶸起：嶸，音同節。高聳獨立的意思。

②本條語出唐・楊炯〈盂蘭盆賦〉。

六五

金河別雁，銅柱辭鳶，①關山夭骨，霜木雕年。

①本段語出唐・盧照鄰〈秋霖賦〉。

六六

翻飛倒影，擢菡萏於湖中；舒豔騰輝，攢蝃蝀①於天畔。照萬象於晴初，散寥天於日餘。②

①蝃蝀：蝃，音同地；蝀，音同東。彩虹的別名。

②本條語出唐・韋充〈餘霞散成綺賦〉。

卷九　集綺

一

朱樓綠幕，笑語勾別座之春；越舞吳歌，巧舌吐蓮花之豔。此身如在怨臉愁眉、紅妝翠袖之間，若遠若近，為之黯然。嗟乎，又何怪乎身當其際者，擁玉床之翠而心迷，聽伶人之奏而隕涕乎！集綺第九。

二

天台花好，阮郎卻無計再來①；巫峽雲深，宋玉只有情空賦②。瞻碧雲之黯黯，覓神女其何蹤；睹明月之娟娟，問嫦娥而不應。

①天台花好，阮郎卻無計再來：《太平廣記．天臺二女》：「劉晨、阮肇，入天台採藥，遠不得返，經十三日飢。遙望山上有桃樹子熟，遂躋險援葛至其下，啖數枚，飢止體充。欲下山，以杯取水，見蕪菁葉流下，甚鮮妍。復有一杯流下，有胡麻飯焉。乃相謂曰：『此近人矣。』遂渡山。出一大溪，溪邊有二女子，色甚美，見二人持杯，便笑曰：『劉、阮二郎捉向杯來。』劉、阮驚。二女遂忻然如舊相識，曰：『來何晚耶？』因邀還家。南東二壁各有絳羅帳，帳角懸鈴，上有金銀交錯。各有數侍婢使令。其饌有胡麻飯、山羊脯、牛肉，甚美。食畢行酒。俄有群女持桃子，笑曰：『賀汝婿來。』酒酣作樂。夜後各就一帳宿，婉態殊絕。至十日求還，苦留半年，氣候草木，常是春時，百鳥啼鳴，更懷鄉。歸思甚苦。女遂相送，指示還路。鄉邑零落，已十世矣。」

②巫峽雲深，宋玉只有情空賦：宋玉〈高唐賦序〉：「昔者楚襄王與宋玉遊於雲夢之臺，望高之觀，其上獨有雲氣，崪兮直上，忽兮改容，須臾之間，變化無窮。王問玉曰：『此何氣也？』玉對曰：『所謂朝雲者也。』王曰：『何謂朝雲？』玉曰：『昔者先王嘗遊高唐，怠而晝寢，夢見一婦人曰：「妾，巫山之女也。為高唐之客。聞君遊高唐，願薦枕席。」王因幸之。去而辭曰：「妾在巫山之陽，高丘之阻，旦為朝雲，暮為行雨。朝朝暮暮，陽臺之下。」旦朝視之，如言。故為立廟，號曰朝雲。』……王曰：『試為寡人賦之！』玉曰：『唯唯！』」

三

妝臺正對書樓，隔池有影；繡戶相通綺戶，望眼多情。

四

蓮開並蒂，影憐池上鴛鴦；縷結同心，日麗屏間孔雀[①]。

①屏間孔雀：《新唐書．后妃傳．高祖太穆順聖皇后》：「（竇）毅謂主曰：『此女有奇相，且識不凡，何可妄與人？』因畫二孔雀屏間，請昏者使射二矢，陰約中目則許之。射者閱數十，皆不合。高祖最後射，中各一目，遂歸於帝。」

五

堂上鳴琴操，久彈乎〈孤鳳〉[①]；邑中製錦紋，重織於雙鸞[②]。

①〈孤鳳〉：漢代琴曲，即〈鳳求凰〉曲。《藝文類聚》：「相如遊臨邛，富人卓王孫家，有女文君。新寡，竊於壁見之。相如因以琴歌挑之曰：『鳳兮鳳兮歸故鄉，遊遨四海求其皇。有豔淑女在此房，何緣

交接為鴛鴦。鳳兮鳳兮從我栖，得託孳尾永為妃。交情通體心和諧，中夜相從知者誰。』」

②本條語出元・吳澄〈賀楊賢可縣尹續絃啟〉。

六

鏡想分鸞[①]，琴悲〈別鶴〉[②]。

①鏡想分鸞：南朝宋・范泰〈鸞鳥詩序〉：「昔罽賓王結罝峻卯之山，獲一鸞鳥，王甚愛之，欲其鳴而不致也，乃飾以金樊，饗以珍羞。對之愈戚，三年不鳴。其夫人曰：『嘗聞鳥見其類而後鳴，何不懸鏡以映之？』王從其意。鸞睹形悲鳴，哀響沖霄，一奮而絕。」

②〈別鶴〉：曲名，即〈別鶴操〉。漢・蔡邕《琴操》：「高陵牧子娶妻無子，父母將改娶，牧子援琴鼓之，痛恩愛乖離，故曰〈別鶴操〉。」

七

春透水波明，寒峭花枝瘦。極目煙中百尺樓，人在樓中否？[①]

①本條語出宋・秦湛〈卜算子〉詞：「春透水波明，寒峭花枝瘦。極目煙中百尺樓，人在樓中否？四和嫋金鳧，雙陸思纖手。捻倩東風浣此情，情更濃於酒。」

八

明月當樓，高眠如避，惜哉夜光暗投；芳樹交窗，把玩無主，嗟矣紅顏薄命。

九

鳥語聽其澀時，憐嬌情之未囀；蟬聲聽其斷處，愁孤節之漸消。

一〇

斷雨斷雲，驚魄三春蝶夢；花開花落，悲歌一夜鵑啼。

一一

衲子飛觴歷亂[①]，解脫於樽斝[②]之間；釵行[③]揮翰淋漓，風神在筆墨之外。

①飛觴歷亂：形容飲酒時將酒杯傳來傳去，場面雜亂放浪的樣子。

②斝：音同甲，一種古代的酒器。

③釵行：指女性。

一二

養紙芙蓉粉[①]，薰衣豆蔻香[②]。

①養紙芙蓉粉：《文房寶飾》：「養筆以硫黃酒舒其毫；養紙以芙蓉粉惜其色；養硯以文綾蓋，貴乎隔塵；養墨以豹皮囊，貴乎遠濕。逢溪子遵之。」

②薰衣豆蔻香：明．周嘉冑《香乘》：「薰衣豆蔻香，霍小玉故事。余按豆蔻非焚爇香品，其核、其根味辛烈，止可用以和香。而小玉以之薰衣，應是別有香劑如豆蔻狀者名之耳，亦猶雞舌、馬蹄之謂。」

一三

流蘇帳底，披之而夜月窺人；玉鏡臺前，諷之而朝煙縈樹。

一四

風流誇墜髻，時世聞啼眉。

①本條語出唐・白居易〈代書詩一百韻寄微之〉詩。

一五

新壘桃花紅粉薄，隔樓芳草雪衣涼。①

①本條語出明・陳繼儒〈白燕〉詩：「紛紛白水滿春塘，淡雨微煙更渺茫。新壘桃花紅粉薄，隔樓芳草雪衣涼。舞翻掌上明珠色，零落釵頭片玉香。正是懷人太無賴，五更殘月照空梁。」

一六

李後主宮人秋水，喜簪異花芳草，拂髻鬢嘗有粉蝶聚其間，撲之不去。

一七

濯足清流，芹香飛澗；浣花新水，蝶粉迷波。

一八

昔人有花中十友：桂為仙友，蓮為淨友，梅為清友，菊為逸友，海棠名友，荼蘼韻友，瑞香殊友，芝蘭芳友，臘梅奇友，梔子禪友。①昔人有禽中五客：鷗為閒客，鶴為仙客，鷺為雪客，孔雀南客，鸚鵡隴客。②會花鳥之情，真是天趣活潑。

①花中十友：語出宋・曾端伯〈十友調笑令〉。

②禽中五客：王文誥輯注引趙次公曰：「李昉以國相致仕，所居畜五禽，皆以客為名：白鷗曰閒客，鷺鷥曰雪客，鶴曰仙客，孔雀曰南客，鸚鵡曰隴客。」

一九

風笙龍管，蜀錦齊紈。

二〇

木香盛開，把杯獨坐其下，遙令青奴吹笛，止留一小奚侍酒，才少斟酌，便退立迎春架後。花看半開，酒飲微醉。

二一

夜來月下臥醒，花影零亂，滿人襟袖，疑如濯魄於冰壺。

①本條語出唐・李白〈雜題四則・之二〉詩。

二二

看花步，男子當作女人；尋花步，女子當作男人。

二三

窗前俊石泠然，可代高人把臂；檻外名花綽約，無煩美女分香。

二四

新調初裁，歌兒持板待的；鬮題[1]方啟，佳人捧硯濡毫。絕世風流，當場豪舉。

①鬮題：鬮，音同糾，用來抓取以決勝負的器具或抽取以卜可否的紙條。鬮題指用抓取的方式確定詩題。

二五

野花豔目，不必牡丹；村酒醉人，何須綠蟻①。

①綠蟻：原指酒面上浮起的綠色泡沫，在此代指酒。

二六

石鼓池邊，小草無名可鬥；板橋柳外，飛花有陣堪題。

二七

桃紅李白，疏籬細雨初來；燕紫鶯黃，老樹斜風乍透。

二八

窗外梅開，喜有騷人弄笛；石邊雪積，還須小妓烹茶。

二九

高摟對月，鄰女秋砧；古寺聞鐘，山僧曉梵。

三〇

佳人病怯，不耐春寒；豪客多情，猶憐夜飲。李太白之寶花宜障①，孟光祖之狗竇堪呼②。

①李太白之寶花宜障：後周・王仁裕《開元天寶遺事》：「甯王宮有樂妓寵姐者，美姿色，善謳唱。每宴外客，其諸妓女盡在目前，唯寵姐客莫能見。飲及半酣，詞客李太白恃醉戲曰：『白久聞王有寵姐善歌，今酒肴醉飽，群公宴倦，王何吝此女示於眾！』王笑謂左右曰：『設七寶花障。』召寵姐於障後歌

之，白起謝曰：『雖不許見面，聞其聲亦幸矣。』」

②孟光祖之狗竇堪呼：《晉書・光逸傳》：「光逸字孟祖，樂安人也。……後舉孝廉，為州從事，棄官投輔之。……尋以世難，避亂渡江，復依輔之。初至，屬輔之與謝鯤、阮放、畢卓、羊曼、桓彝、阮孚散髮裸裎，閉室酣飲已累日。逸將排戶入，守者不聽，逸便於戶外脫衣露頭於狗竇中窺之而大叫。輔之驚曰：『他人決不能爾，必我孟祖也。』遽呼入，遂與飲，不捨晝夜。」

三一

古人養筆，以硫黃酒；養紙，以芙蓉粉；養硯，以文綾蓋；養墨，以豹皮囊。[1]小齋何暇及此！唯有時書以養筆，時磨以養墨，時洗以養硯，時舒卷以養紙。

①上半句語出《文房寶飾》：「養筆以硫黃酒舒其毫；養紙以芙蓉粉借其色；養硯以文綾蓋，貴乎隔塵；養墨以豹皮囊，貴乎遠濕。逢溪子遵之。」

三二

芭蕉近日則易枯，迎風則易破。小院背陰，半掩竹窗，分外青翠。

三三

歐公香餅[1]，吾其爇火無煙；顏氏隱囊[2]，我則鬥花以布。

①歐公香餅：宋・歐陽脩《歸田錄》：「後月餘，有人遺余以清泉香餅一篋者，君謨聞之歎曰：『香餅來遲，使我潤筆獨無此一種佳物。』茲又可笑也。清泉，地名，香餅，石炭也，用以焚香，一餅之火，可終日不滅。」

②顏氏隱囊：北齊．顏之推《顏氏家訓．勉學》：「梁朝全盛之時，貴遊子弟……跟高齒屐，坐棊子方褥，憑斑絲隱囊，列器玩於左右。」

三四

梅額生香①，已堪飲爵；草堂飛雪，更可題詩。七種之羹②，呼起袁生之臥③；六生之餅④，敢迎王子之舟⑤。豪飲竟日，賦詩而散。佳人半醉，美女新妝。月下彈琴，石邊侍酒。烹雪之茶，果然剩有寒香；爭春之館，自是堪來花嘆。

①梅額生香：《宋書》曰：「武帝女壽陽公主人日臥於含章簷下，梅花落公主額上，成五出之華，拂之不去。皇后留之，自後有梅花妝，後人多效之。」

②七種之羹：舊俗，農曆正月初七日採七種菜蔬拌和米粉作羹，又稱七寶羹。

③袁生之臥：《汝南先賢傳》曰：「時大雪積地丈餘，洛陽令身出案行，見人家皆除雪出，有乞食者。至袁安門，無有行路。謂安已死，令人除雪入戶，見安僵臥。問何以不出。安曰：『大雪人皆餓，不宜干人。』令以為賢，舉為孝廉。」

④六生之餅：六生，即六出。花分瓣叫「出」，雪花六角，因以為雪的別名。此處指雪花。

⑤王子之舟：《語林》曰：「王子猷居山陰，大雪夜，眠覺，開室酌酒，四望皎然，因起傍徨，詠左思〈招隱詩〉，忽憶戴安道。時戴在剡溪，即便夜乘輕舟就戴。經宿方至，既造門，不前便返。人問其故，王曰：『吾本乘興而行，興盡而返，何必見戴？』」

三五

黃鳥讓其歌聲，青山學其眉黛。

三六

淺翠嬌青，籠煙惹濕。清可漱齒，曲可流觴。

三七

風開柳眼，露浥桃腮，黃鸝呼春，青鳥送雨，海棠嫩紫，芍藥嫣紅，宜其春也。碧荷鑄錢[①]，綠柳纜絲，龍孫[②]脫殼，鳩婦[③]喚晴，雨驟黃梅，日蒸綠李，宜其夏也。槐陰未斷，雁信初來，秋英無言，曉露欲結，蓐收避席，青女[④]辦妝，宜其秋也。桂子風高，蘆花月老，溪毛碧瘦，山骨蒼寒，千巖見梅，一雪欲臘，宜其冬也。[⑤]

①碧荷鑄錢：指初生的小荷葉。因其形如錢，故名。
②龍孫：筍的別稱。
③鳩婦：指雌鳩。
④青女：傳說中掌管霜雪的女神。《淮南子・天文訓》：「至秋三月……青女乃出，以降霜雪。」
⑤本條語出宋・白玉蟾〈湧翠亭記〉。

三八

風翻貝葉[①]，絕勝北闕除書[②]；水滴蓮花，何似華清宮漏。

①貝葉：佛經。
②北闕除書：指朝廷任命官職的文書。

三九

畫屋曲房，擁爐列坐；鞭車行酒，分隊徵歌。一笑千金，樗蒲[①]百萬；名妓持箋，玉兒捧硯；淋漓揮灑，水月流虹；我醉欲眠，鼠奔鳥竄；羅襦輕解，鼻息如雷。此一境界，亦足賞心。

①樗蒲：樗，音同書。一種古代賭博遊戲。

四〇

柳花燕子，貼地欲飛；畫扇練裙，避人欲進，此春遊第一風光也。

四一

花顏縹緲，欺樹裡之春風；銀焰熒煌，卻城頭之曉色。

四二

烏紗帽挾紅袖登山，前人自多風致。

四三

筆陣生雲，詞鋒捲霧。

四四

楚江巫峽半雲雨，清簟疏簾看弈棋。①

①本條語出唐・杜甫〈七月一日題終明甫水樓二首・其二〉詩：「宓子彈琴邑宰日，終軍棄繻英妙時。承家節操尚不泯，為政風流今在茲。可憐賓客盡傾蓋，何處老翁來賦詩。楚江巫峽半雲雨，清簟疎簾看弈棋。」

四五

美丰儀人，如三春新柳，濯濯風前。

四六

澗險無平石，山深足細泉。短松猶百尺，少鶴已千年。

四七

清文滿篋，非唯芍藥之花[1]；新製連篇，寧止葡萄之樹[2]。

①芍藥之花：芍藥，象徵男女愛慕之情。《詩經．鄭風．溱洧》：「溱與洧，方渙渙兮。士與女，方秉蕑兮。女曰觀乎，士曰既且。且往觀乎，洧之外，洵訏且樂。維士與女，伊其相謔，贈之以勺藥。」

②葡萄之樹：形容美人衣著。

四八

梅花舒兩歲之裝，柏葉泛三光之酒。飄搖餘雪，入簫管以成歌；皎潔輕冰，對蟾光而寫鏡。[1]

①本條語出梁．昭明太子《錦帶書十二月啟．太簇正月》：「伏以北斗周天，送玄冥之故節；東風拂地，啟青陽之芳辰。梅花舒兩歲之裝，柏葉泛三光之酒。飄搖餘雪，入簫管以成歌；皎潔輕冰，對蟾光而寫鏡。想足下神遊書帳，性縱琴堂，談叢發流水之源，筆陣引崩雲之勢。昔時文會，長思風月之交；今日言離，永歎參辰之隔。但某執鞭賤品，耕鑿庸流，沉形南畝之間，滯跡東皋之上。辰懷盛德，聊吐愚衷。謹憑黃耳之傳，佇望白雲之信。」

四九

鶴有累心猶被斥，梅無高韻也遭刪。

五〇

分果車中，畢竟借人家面孔；捉刀床側①，終須露自己心胸。

①捉刀床側：《世說新語。容止》：「魏武將見匈奴使，自以形陋，不足雄遠國，使崔季珪代，帝自捉刀立床頭。既畢，令間諜問曰：『魏王何如？』匈奴使答曰：『魏王雅望非常，然床頭捉刀人，此乃英雄也。』魏武聞之，追殺此使。」

五一

雪滾飛花，繚繞歌樓，飄撲僧舍，點點共酒旆悠揚，陣陣追燕鶯飛舞，沾泥逐水。豈特可入詩料，要知色身幻影，是即風裡楊花，浮生燕壘。

五二

水綠霞紅處，仙犬忽驚人，吠入桃花去。①

①本條出自明．屠隆《冥寥子遊》：「道人不得已，徐曰：諸公信一時之秀，藝各擅場，貧道蟬噪蛙鳴，以博諸公噴飯。乃吟曰：『沿溪踏沙行，水綠霞紅處。仙犬忽驚人，吠入桃花去。』諸君大驚，起拜曰：『咄咄。道者作天仙之語，我輩固知非常人也。』於是競問道人姓名，但笑而不答。」

五三

九重仙詔，休教丹鳳銜來；一片野心，已被白雲留住。①

五四

香吹梅渚千峰雪，清映冰壺百尺簾。

五五

避客偶然拋竹屨，邀僧時一上花船。

五六

到來都是淚，過去即成塵。

五七

秋色生鴻雁，江聲冷白蘋。

五八

鬥草春風，才子愁銷書帶翠；采菱秋水，佳人疑動鏡花香。

五九

竹粉映琊玕之碧，勝新妝流媚，曾無掩面於花宮；花珠凝翡翠之盤，雖什襲非珍，可免探頷於龍藏。

六〇

因花整帽，借柳維船。①

①本條語出宋．張炎〈聲聲慢〉：「因風整帽，借柳維舟，休登故苑荒臺。去歲何年，遊處半入蒼苔。白鷗舊盟未冷，但寒沙、空與愁堆。謾歎息，問西門灑淚，不忍徘徊。　眼底江山猶在，把冰弦彈斷，苦憶顏回。一點歸心，分付布襪青鞋。相尋已期到老，那知人、如此情懷。悵望久，海棠開、依舊燕來。」

六一

繞夢落花消雨色，一尊芳草送晴昏。

六二

爭春開宴，罷來花有嘆聲；水國談經，聽去魚多樂意。

六三

無端淚下，三更山月老猿啼；驀地嬌來，一月泥香新燕語。

六四

燕子剛來，春光惹恨；雁臣甫聚，秋思慘人。

六五

韓嫣金彈[①]，誤了飢寒人多少奔馳；潘岳果車，增了少年人多少顏色。

①韓嫣金彈：晉．葛洪《西京雜記》：「韓嫣好彈，常以金為丸，所失者日有十餘。長安為之語曰：『苦飢寒，逐金丸。』京師兒童，每聞嫣出彈，輒隨之，望丸之所落，輒拾焉。」

六六

微風醒酒①，好雨催詩②，生韻生情，懷頗不惡。

①微風醒酒：語出唐．杜甫〈陪鄭廣文遊何將軍山林十首．其九〉詩：「牀上書連屋，階前樹拂雲。將軍不好武，稚子總能文。醒酒微風入，聽詩靜夜分。絺衣挂蘿薜，涼月白紛紛。」

②好雨催詩：語出唐．杜甫〈陪諸貴公子丈八溝攜妓納涼晚際遇雨二首．其一〉詩：「落日放船好，輕風生浪遲。竹深留客處，荷淨納涼時。公子調冰水，佳人雪藕絲。片雲頭上黑，應是雨催詩。」

六七

苧羅村裡，對嬌歌豔舞之山；若耶溪邊，拂濃抹淡妝之水。

六八

春歸何處，街頭愁殺賣花；客落他鄉，河畔生憎折柳。①

①本條語出明．吳從先《小窗自紀》。

六九

論到高華，但說黃金能結客；看來薄命，非關紅袖懶撩人。

七〇

同氣之求，唯刺平原於錦繡；同聲之應，徒鑄子期以黃金。

七一

胸中不平之氣，說倩山禽；世上叵測之心，藏之煙柳。

七二

袪長夜之惡魔，女郎說劍；銷千秋之熱血，學士談禪。

七三

論聲之韻者，曰溪聲、澗聲、竹聲、松聲、山禽聲、幽壑聲、芭蕉雨聲、落花聲，皆天地之清籟，詩壇之鼓吹也。然銷魂之聽，當以賣花聲[1]為第一。

①賣花聲：宋・陸游〈臨安春雨初霽〉：「世味年來薄似紗，誰令騎馬客京華。小樓一夜聽春雨，深巷明朝賣杏花。矮紙斜行閒作草，晴窗細乳戲分茶。素衣莫起風塵嘆，猶及清明可到家。」

七四

石上酒花，幾片濕雲凝夜色；松間人語，數聲宿鳥動朝喧。

七五

「媚」字極韻，出以清致，則窈窕但見風神，附以妖嬈，則做作畢露醜態。如芙蓉媚秋水，綠篠媚清漣，方不著跡。[1]

①本條語出明・吳從先《小窗自紀》。

七六

武士無刀兵氣，書生無寒酸氣，女郎無脂粉氣，山人無煙霞氣，僧家無香火氣，換出一番世界，便為世上不可少之人。①

①本條語出明・吳從先《小窗自紀》。

七七

情詞之嫻美，《西廂》以後，無如《玉盒》、《紫釵》、《牡丹亭》三傳。置之案頭，可以挽文思之枯澀，收神情之懶散。

七八

俊石貴有畫意，老樹貴有禪意，韻士貴有酒意，美人貴有詩意。①

①本條語出明・吳從先《小窗自紀》。

七九

紅顏未老，早隨桃李嫁春風；黃卷將殘，莫向桑榆憐暮景。

八〇

銷魂之音，絲竹不如著肉。然而風月山水間，別有清魂銷於清響，即子晉之笙①，湘靈之瑟，董雙成之雲璈，猶屬下乘。嬌歌豔曲，不盡混亂耳根。

①子晉之笙：《列仙傳》：「王子喬，周靈王太子晉也。好吹笙，作鳳鳴。遊伊洛間，道士浮丘公接上嵩

山。十餘年後，來於山上，告桓良曰：『告我家，七月七日待我緱氏山頭。』果乘白鶴駐山顛，望之不得到，舉手謝時人而去。」

②湘靈之瑟：《楚辭．遠遊》：「使湘靈鼓瑟兮，令海若舞馮夷。」

③董雙成之雲璈：《漢武帝內傳》：「王母乃命諸侍女王子登彈八琅之璈，又命侍女董雙成吹雲和之笙。」

八一

風驚蟋蟀，聞織婦之鳴機；月滿蟾蜍，見天河之弄杼。

八二

高僧筒裡送信，突地天花墜落；韻妓扇頭寄畫，隔江山雨飛來。

八三

酒有難懸之色，花有獨蘊之香。以此想紅顏媚骨，便可得之格外。

八四

客齋使令，翔七寶妝，理茶具，響松風於蟹眼[①]，浮雪花於兔毫[②]。

①蟹眼：宋．蔡襄《茶錄．茶論》：「侯湯最難，未熟則沫浮，過熟則茶沉，前世謂之蟹眼者，故熟湯也。」

②兔毫：宋．蔡襄《茶錄》云：「茶色白，宜黑盞，建安所造者紺黑，紋如兔毫，其坯微厚，久熱難冷，最為要用。」

八五

每到日中重掠鬢，衩衣[①]騎馬繞宮廊。[②]

①衩衣：兩側開衩的長衣，為古代男子的便袍。

②本條語出唐・王建〈宮詞〉：「藥童食後送雲漿，高殿無風扇少涼。每到日中重掠鬢，衩衣騎馬繞宮廊。」

八六

絕世風流，當場豪舉。世路既如此，但有肝膽向人；清議可奈何，曾無口舌造業。

八七

花抽珠漸落，珠懸花更生；風來香轉散，風度焰還輕。

八八

瑩以玉琇，飾以金英。綠芰懸插，紅蘂倒生。[①]

①本條語出南朝・江總〈雲堂賦〉。

八九

浮滄海兮氣渾，映青山兮色亂。[①]

①本條語出唐・翟楚賢〈碧落賦〉。

九〇

紛廣庭[①]之靃霏[②]，隱重廊之窈窕。青陸至而鶯啼，朱陽升而花笑。[③]

①廣庭：原文作「黃庭」，查本條語出原文內容，改作「廣庭」。

②靃霏：靃，音同霍。草木萎弱或隨風偃拂貌。

③本條語出唐・盧照鄰〈雙木槿賦〉。

九一

紫蒂紅蕤，玉蕊蒼枝。[①]

①本條語出唐・盧照鄰〈雙木槿賦〉。

九二

視蓮潭之變彩，見松院之生涼；引驚蟬於寶瑟，宿蘭燕於瑤筐。[①]

①本條語出唐・王勃〈七夕賦〉。

九三

蒲團布衲，難於少時存老去之禪心；玉劍角弓，貴於老時任少年之俠氣。

卷十　集豪

一

今世矩視尺步之輩，與夫守株待兔之流，是不束縛而阱者也。宇宙寥寥，求一豪者，安得哉！家徒四壁，一擲千金，豪之膽；興酣落筆，潑墨千言，豪之才；我才必用，黃金復來①，豪之語。夫豪既不可得，而後世倜儻之士，或以一言一字寫其不平，又安與沉沉故紙同為銷沒乎！集豪第十。

①我才必用，黃金復來：此二語改寫自唐．李白〈將進酒〉詩，原詩為：「君不見，黃河之水天上來，奔流到海不復回。君不見，高堂明鏡悲白髮，朝如青絲暮成雪。人生得意須盡歡，莫使金樽空對月。天生我材必有用，千金散盡還復來。烹羊宰牛且為樂，會須一飲三百杯。岑夫子，丹丘生。將進酒，杯莫停。與君歌一曲，請君為我傾耳聽。鐘鼓饌玉不足貴，但願長醉不復醒。古來聖賢皆寂寞，唯有飲者留其名。陳王昔時宴平樂，斗酒十千恣讙謔。主人何為言少錢？徑須沽取對君酌。五花馬，千金裘。呼兒將出換美酒，與爾同銷萬古愁！」

二

桃花馬上，春衫少年俠氣；貝葉齋中，夜衲老去禪心。①

①本條改寫自明．屠隆《婆羅館清言》，原文為：「角弓玉劍，桃花馬上春衫，猶憶少年俠氣；瘦瓢膽瓶，貝葉齋中夜衲，獨存老去禪心。」

三

嶽色江聲，富煞胸中丘壑；松陰花影，爭殘局上山河。

四

驥雖伏櫪，足能千里[①]；鵠即垂翅，志在九霄。

①驥雖伏櫪，足能千里：此二句改寫自曹操〈步出夏門行．龜雖壽〉，原詩為：「神龜雖壽，猶有竟時。騰蛇乘霧，終為土灰。老驥伏櫪，志在千里；烈士暮年，壯心不已。盈縮之期，不但在天；養怡之福，可得永年。幸甚至哉！歌以詠志。」

五

個個題詩，寫不盡千秋花月；人人作畫，描不完大地江山。

六

慷慨之氣，龍泉知我；憂煎之思，毛穎[①]解人。

①龍泉：古代寶劍名。《晉書．張華傳》：「中有雙劍，並刻題，一曰龍泉，一曰太阿。」

②毛穎：穎，筆尖、筆端。毛穎指毛筆。

七

不能用世而故為玩世，只恐遇著真英雄；不能經世而故為欺世，只好對著假豪傑。

八

綠酒但傾，何妨易醉；黃金既散，何論復來①。

①黃金既散，何論復來：此二語改寫自唐．李白〈將進酒〉詩，原詩內容可見??頁。

九

詩酒興將殘，剩卻樓頭幾明月；登臨情不已，平分江上半青山①。

①平分江上半青山：此句改寫自唐．錢起〈省試湘靈鼓瑟〉詩：「善鼓雲和瑟，常聞帝子靈。馮夷空自舞，楚客不堪聽。苦調淒金石，清音入杳冥。蒼梧來怨慕，白芷動芳馨。流水傳瀟浦，悲風過洞庭。曲終人不見，江上數峰青。」

一〇

閒行消白日，懸李賀嘔字之囊①；搔首問青天，攜謝朓驚人之句②。

①懸李賀嘔字之囊：李商隱《李賀傳》：「恆從小奚奴，騎距驢，背一古破錦囊，遇有所得，即書投囊中。及暮歸．太夫人使婢受囊出之，見所書多．輒曰：『是兒要當嘔出心乃已爾。』上燈，與食。長吉從婢取書，研墨疊紙足成之，投他囊中。非大醉及弔喪日率如此，過亦不復省。」

②搔首問青天，攜謝朓驚人之句：《搔首集》：「李白登華山落雁峰，曰：『此山最高，呼吸之氣，想通天帝座矣。恨不攜謝朓驚人詩來，搔首問青天耳。』」

一一

假英雄專咉不鳴之劍①，若爾鋒芒，遇真人而落膽；窮豪傑慣作無米之炊，此等作用，當大計而揚眉。

①吷不鳴之劍：吷，音同穴，微小的聲音。《莊子．則陽》：「夫吹莞也，猶有嗃也；吹劍首者，吷而已矣。堯舜，人之所譽也，道堯舜於戴晉人之前，譬猶一吷也。」在此指用劍時對劍鋒吹氣的動作。不鳴之劍，指不能殺人的劍。

一二

深居遠俗，尚愁移山有文①；縱飲達旦，猶笑醉鄉無記②。

①移山有文：南朝．孔稚珪撰寫〈北山移文〉，文中敘述周顒和孔稚珪初隱居鍾山，周顒後應詔出任海鹽縣令，期滿回京，路過鍾山，孔稚珪於是假託山神之意，撰文諷刺周顒違背前約，熱中功名利祿的行為。

②醉鄉無記：唐．王績曾撰〈醉鄉記〉，描寫一座虛構的「醉鄉」，諷刺社會現實。

一三

風會日靡，試具宋廣平之石腸①；世道莫容，請收姜伯約之大膽②。

①宋廣平之石腸：宋廣平，指唐玄宗時名相宋璟。唐．皮日休〈桃花賦序〉：「余嘗慕宋廣平之為相，貞姿勁質，剛態毅狀。疑其鐵腸石心，不解吐婉媚辭。然睹其文而有〈梅花賦〉，清便富豔，得南朝徐庾體，殊不類其為人也。後蘇相公味道得而稱之，廣平之名遂振。」

②姜伯約之大膽：姜伯約即三國時代蜀漢武將姜維。《世說新語》：「維死時見剖，膽大斗大。」

一四

藜床半穿，管寧真吾師乎①；軒冕必顧，華歆洵非友也②。

①藜床半穿，管寧真吾師乎：此二語源自晉・皇甫謐《高士傳・管寧》：「（管寧）常坐一木榻上，積五十五年未嘗箕踞，榻上當膝皆穿。」

②軒冕必顧，華歆洵非友也：《世說新語・德行》：「（管寧、華歆）嘗同席讀書，有乘軒冕過門者，寧讀如故，歆廢書出看。寧割席分坐曰：『子非吾友也。』」

一五

車塵馬足之下，露出醜形；深山窮谷之中，剩此真影。

一六

吐虹霓之氣者，貴挾風霜之色；依日月之光者，毋懷雨露之私。

一七

清襟凝遠，捲秋江萬頃之波；妙筆縱橫，挽崑崙一峰之秀。

一八

聞雞起舞[1]，祖逖[2]其壯士之雄心乎？聞箏起舞[3]，迦葉[4]其開士[5]之素心乎？

①聞雞起舞：《晉書・祖逖列傳》：「（祖逖）與司空劉琨俱為司州主簿，情好綢繆，共被同寢。中夜聞荒雞鳴，蹴琨覺曰：『此非惡聲也。』因起舞。」

②祖逖：原文做「劉琨」，疑有誤，依《晉書》所載內容改正。

③聞箏起舞：傳說香山大樹緊那羅鼓琴，頭陀第一之迦葉，不堪於坐，起而舞。

④迦葉：全名大迦葉，為佛陀十大弟子之一，付法藏第一祖。生於王舍城近郊之婆羅門家。於佛成道後第

三年為佛弟子，八日後即證入阿羅漢境地，為佛陀弟子中最無執著之念者。人格清廉，深受佛陀信賴，於佛弟子中曾受佛陀分予半座。佛陀入滅後，成為教團統率者，直至阿難為法之繼承者，始入雞足山入定，以待彌勒出世，方行涅槃。

⑤開士：佛教用語。指菩薩。因其能開悟眾生，使生信心。

一九

友遍天下英傑人士，讀盡人間未見之書。

二〇

讀書倦時須看劍，英發之氣不磨；作文苦際可歌詩，鬱結之懷隨暢。

二一

交友須帶三分俠氣，做人要存一點素心。

二二

棲守道德者，寂寞一時；依阿權變者，淒涼萬古。

二三

深山窮谷，能老[1]經濟才猷；絕壑斷崖，難隱靈文奇字。

①老：在此指消磨殆盡。

二四

王門之雜吹①非竽②，夢連魏闕；郢路之飛聲無調，羞向楚囚②。

①雜吹：雜吹，指管絃合奏。

②非竽：韓非《韓非子》：「齊宣王使人吹竽，必三百人，南郭處士請為王吹竽，宣王說之，廩食以數百人。宣王死，湣王立，好一一聽之，處士逃。」

二五

肝膽煦若春風，雖囊乏一文；還憐我煢獨，氣骨青如秋水。

二六

獻策金門苦未收，歸心日夜水東流。扁舟載得愁千斛，聞說君王不稅愁。①

①本條語出明・陸楠《蒹葭堂雜抄》。

二七

世事不堪評，掩卷神遊千古上；塵氛應可卻，閉門心在萬山中。

二八

負心滿天地，辜他一片熱腸；變態自古今，懸此兩隻冷眼。

二九

龍津一劍，尚作合於風雷①，胸中數萬甲兵，寧終老於牖下。

①龍津一劍，尚作合於風雷：《晉書．張華列傳》：「煥到縣，掘獄屋基，入地四丈餘，得一石函，光氣非常，中有雙劍，並刻題，一曰龍泉，一曰太阿。其夕，斗牛間氣不復見焉。煥以南昌西山北巖下土以拭劍，光芒豔發。大盆盛水，置劍其上，視之者精芒炫目。遣使送一劍並土與華，留一自佩。或謂煥曰：『得兩送一，張公豈可欺乎？』煥曰：『本朝將亂，張公當受其禍。此劍當繫徐君墓樹耳。靈異之物，終當化去，不永為人服也。』華得劍，寶愛之，常置坐側。華以南昌土不如華陰赤土，報煥書曰：『詳觀劍文，乃干將也，莫邪何復不至？雖然，天生神物，終當合耳。』因以華陰土一斤致煥。煥更以拭劍，倍益精明。華誅，失劍所在。煥卒，子華為州從事，持劍行經延平津，劍忽於腰間躍出墮水。使人沒水取之，不見劍，但見兩龍各長數丈，蟠縈有文章，沒者懼而反。須臾光彩照水，波浪驚沸，於是失劍。華歎曰：『先君化去之言，張公終合之論，此其驗乎！』」

三〇

此中空洞原無物，何止容卿數百人。①

①此條語出《世說新語．排調》：「王丞相枕周伯仁膝，指其腹曰：『卿此中何所有？』答曰：『此中空洞無洞原無物，然容卿輩數百人。』」

三一

英雄未轉之雄圖，假糟丘①為霸業；風流不盡之餘韻，托花谷為深山。

①糟丘：酒糟堆積如山。比喻釀酒極多。《南史．陳慶之傳》：「速營糟丘，吾將老焉。」

三二

紅潤口脂，花蕊乍過微雨；翠勻眉黛，柳條徐拂輕風。

三三

滿腹有文難罵鬼，措身無地反憂天。①

①本條語出明・唐寅〈漫興・其七〉詩：「落魄迂疏自可憐，棋為日月酒為年。蘇秦抨頰猶存舌，趙壹傾囊已沒錢。滿腹有文難罵鬼，措身無地反憂天。多愁多感多傷壽，且酌深杯看月圓。」

三四

大丈夫居世，生當封侯，死當廟食。不然，閒居可以養志，詩書足以自娛。①

①本條語出《後漢書・梁統列傳》：「竦生長京師，不樂本土，身負其才，鬱鬱不得意。嘗登高遠望，嘆息言曰：『大丈夫居世，生當封侯，死當廟食。如其不然，閒居可以養志，詩書足以自娛，州郡之職，徒勞人耳。』後辟命交至，並無所就。」

三五

不恨我不見古人，唯恨古人不見我。①

①本條語出宋・龐元英《談藪》：「吳郡張融字思光，長史暢之子，郎中緯之孫。融神明俊出，機辯如流，嘗謁太祖於太極西堂。彌時之方登。上笑曰：『卿至何遲？』答曰：『自地升天，理不得速。』融為中書郎，嘗歎曰：『不恨我不見古人，恨古人不見我。』融善草隸，太祖嘗語曰：『卿書殊有骨力，但恨無二王法。』答曰：『非恨臣無二王法，亦恨二王無臣法。』」

三六

榮枯得喪，天意安排，浮雲過太虛也；用捨行藏，吾心鎮定，砥柱在中流乎。

三七

曹曾[1]積石為倉以藏書，名「曹氏石倉」。

①曹曾：字伯山，東漢人，為當時藏書名家。

三八

丈夫須有遠圖，眼孔如輪，可怪處堂燕雀；豪傑寧無壯志，風棱似鐵，不憂當道豺狼。

三九

雲長[1]香火，千載遍於華夷；坡老[2]姓名，至今口於婦孺。意氣精神，不可磨滅。

①雲長：指三國時蜀漢名將關羽。

②坡老：此指宋朝文人蘇軾。

四〇

據床嗒爾[1]，聽豪士之談鋒；把盞惺然，看酒人之醉態。[2]

①嗒爾：嗒，音同踏。如嗒然，形容物我兩忘。

②本條語出明．屠隆《娑羅館清言》。

四一

登高遠眺，弔古尋幽，廣胸中之丘壑，遊物外之文章。

四二

雪霽清境，發於夢想。此間但有荒山大江，修竹古木。

四三

每飲村酒後，曳杖放腳，不知遠近，亦曠然天真。

四四

鬚眉之士在世，寧使鄉里小兒怒罵，不當使鄉里小兒見憐。

四五

胡宗憲[①]讀《漢書》，至終軍請纓事，乃起拍案曰：「男兒雙腳當從此處插入，其他皆狼藉耳！」

①胡宗憲：字汝貞，號梅林，明代軍事人物，嘉靖年間多次出戰，掃除東南倭寇，後因嚴嵩牽連下獄，自盡以終。

四六

宋海翁[①]才高嗜酒，睥睨當世。忽乘醉泛舟海上，仰天大笑，曰：「吾七尺之軀，豈世間凡士所能貯？合以大海葬之耳！」遂按波而入。[②]

①宋海翁：字應元，號海翁，晚號鵝池生。明代人。少能詩，善畫。嗜酒慕俠，能騎射。年三十，以妻子兒女五人皆死，棄家遠遊，晚年披髮為頭陀，不知所終。一說泛舟錢塘，投江而死。

②本條語出明・曹臣《舌華錄》。

四七

王仲祖[①]有好形儀，每覽鏡自照，曰：「王文開[②]那生寧馨兒[③]？」[④]

①王仲祖：名濛，仲祖為其字。東晉名士。

②王文開：王濛之父，名王訥，文開為其字。

③寧馨兒：即這樣的孩子。為六朝俗語。

④本條語出晉・裴啟《語林》：「王仲祖有好儀形，每覽鏡自照，曰：『王文開那生如馨兒！』時人謂之達也。」

四八

毛澄[①]七歲善屬對，諸喜之者贈以金錢，歸擲之曰：「吾猶薄蘇秦斗大[②]，安事此鄧通[③]靡靡！」[④]

①毛澄：字憲清，號白齋，明狀元，官至禮部尚書。

②斗大：指蘇秦所佩的斗大六國金相印。

③鄧通：西漢人。《史記・佞幸列傳》：「文帝時時如鄧通家遊戲，然鄧通無他能，不能有所薦士，獨自謹其身以媚上而已。上使善相者相通，曰：『當貧餓死。』文帝曰：『能富通者在我也，何謂貧乎？』於是賜鄧通蜀嚴道銅山，得自鑄錢，鄧氏錢布天下。其富如此。」

④本條語出明・李紹文《皇明世說新語》。

四九

梁公實[①]薦一士於李于麟[②]，士欲以謝梁，曰：「吾有長生術，不惜為公授。」梁曰：「吾名在天地間，只恐盛著不了，安用長生！」

①梁公實：名有譽，號蘭汀。明嘉靖二十九年進士。

②李于麟：名攀龍，明嘉靖二十三年進士。

五〇

吳正子[①]窮居一室，門環流水，跨木而渡，渡畢即抽之。人問故，笑曰：「土舟淺小，恐不勝富貴人來踏耳！」

①吳正子：宋代人，生平經歷不詳。

五一

吾有目有足，山川風月，吾所能到，我便是山川風月主人。

五二

大丈夫當雄飛，安能雌伏？[①]

①本條語出《後漢書・趙典傳》：「溫字子柔，初為京兆丞，嘆曰：『大丈夫當雄飛，安能雌伏！』遂棄官去。遭歲大饑，散家糧以振窮餓，所活萬餘人。」

五三

青蓮[①]登華山落雁峰，曰：「呼吸之氣，想通帝座，恨不攜謝朓驚人之句來，搔首問青天耳！」[②]

①青蓮：指唐代大詩人李白，其號青蓮居士。
②此條語出《搔首集》。

五四

志欲梟逆虜，枕戈待旦，常恐祖①生，先我著鞭②。

①祖：指祖逖，東晉名將。
②先著我鞭：指搶先我一步。

五五

旨言不顯，經濟多託之工瞽芻蕘①；高蹤②不落，英雄常混之漁樵耕牧。

①工瞽芻蕘：瞽，音同股，古代樂官。芻蕘，砍柴割草之人。此句指平民百姓。
②高蹤：指高尚的言行德行。

五六

高言成嘯虎之風，豪舉破湧山之浪。

五七

立言者，未必即成千古之業，吾取其有千古之心；好客者，未必即盡四海之交，吾取其有四海之願。

五八

管城子①無食肉相，世人皮相何為？孔方兄①有絕交書，今日盟交安在？③

①管城子：毛筆的別稱。

②孔方兄：銅錢的謔稱。

③本條改寫自宋・黃庭堅〈戲呈孔毅夫〉：「管城子無食肉相，孔方兄有絕交書。文章功用不經世，何異絲窠綴露珠。校書著作頻詔除，猶能上車問何如。忽憶僧床同野飯，夢隨秋雁到東湖。」

五九

襟懷貴疏朗，不宜太逞豪華；文字要雄奇，不宜故求寂寞。

六〇

懸榻待賢士，豈曰交情已乎；投轄[1]留好賓，不過酒興而已。

①投轄：轄，車軸頭上的鐵鍵。漢代陳遵好客，每宴賓客便關上大門，將賓客車轄取下，丟入井中，不讓客人離去。典出《漢書・游俠傳・陳遵傳》。

六一

才以氣雄，品由心定。

六二

為文而欲一世之人好，吾悲其為文；為人而欲一世之人好，吾悲其為人。

六三

濟筆海[1]則為舟航，騁文囿[2]則為羽翼。

①筆海：比喻文詞匯聚。
②文囿：文章園地。

六四

胸中無三萬卷書，眼中無天下奇山川，未必能文。縱能，亦無豪傑語耳。

六五

山廚失斧，斷之以劍。客至無枕，解琴自供。盥盆潰散，磬為注洗。蓋不暖足，覆之以蓑。

六六

孟宗[1]少遊學，其母製十二幅被，以招賢士共臥，庶得聞君子之言。[2]

①孟宗：字恭武，後改名仁。三國東吳人。少時讀書不懈，後官至司空。
②本條改寫自《吳錄》：「仁字恭武，江夏人也，本名宗，避皓字，易焉。少從南陽李肅學。其母為作厚褥大被，或問其故，母曰：『小兒無德致客，學者多貧，故為廣被，庶可得與氣類接也。』」

六七

張煙霧於海際，耀光景於河渚；乘天梁而浩蕩，叩帝閽而延佇。[1]

①本條語出南朝．江淹〈麗色賦〉。

六八

聲譽可盡，江天不可盡；丹青可窮，山色不可窮。

六九

聞秋空鶴唳，令人逸骨仙仙；看海上龍騰，覺我壯心勃勃。

七〇

明月在天，秋聲在樹，珠箔捲嘯倚高樓；蒼苔在地，春酒在壺，玉山頹醉①眠芳草。

①玉山頹醉：《世說新語．容止》：「嵇康身長七尺八寸，風姿特秀。……見者嘆曰：『蕭蕭肅肅，爽朗清舉。』或云：『肅肅如松下風，高而徐引。』山公曰：『嵇叔夜之為人也，巖巖若孤松之獨立；其醉也，傀俄若玉山之將崩。』」

七一

胸中自是奇，乘風破浪，平吞萬頃蒼茫；腳底由來闊，歷險窮幽，飛度千尋香靄。

七二

松風澗雨，九霄外聲聞環佩，清我吟魂；海市蜃樓，萬水中一幅畫圖，供吾醉眼。

七三

每從白門歸，見江山逶迤，草木蒼鬱。人常言佳，我覺是別離人腸中一段酸楚氣耳。

七四

人每誚余腕中有鬼，余謂鬼自無端入吾腕中，吾腕中未嘗有鬼也。人每責余目中無人，余謂人自不屑入吾目中，吾目中未嘗無人也。

七五

天下無不虛之山，唯虛故高而易峻；天下無不實之水，唯實故流而不竭。

七六

放不出憎人面孔，落在酒杯；丟不下憐世心腸，寄之詩句。

七七

春到十千①美酒，為花洗妝；夜來一片名香，與月薰魄。

①十千：十千錢，形容價格極高。

七八

忍到熟處則憂患消，談到真時則天地贅。

七九

醺醺熟讀〈離騷〉，孝伯外敢曰並皆名士①；碌碌常承色笑，阿奴輩果然盡是佳兒②。

①醺醺熟讀〈離騷〉，孝伯外敢曰並皆名士：此二語出《世說新語．任誕》：「王孝伯言：『名士不必須奇才。但使常得無事，痛飲酒，熟讀〈離騷〉，便可稱名士。』」

②碌碌常承色笑，阿奴輩果然盡是佳兒：此二語出《世說新語．識鑒》：「伯仁母冬至舉酒賜三子曰：『吾本謂度江託足無所。爾家有相，爾等並羅列吾前，復何憂？』周嵩起，長跪而泣曰：『不如阿母言。伯仁為人志大而才短，名重而識闇，好乘人之弊，此非自全之道。嵩性狼抗，亦不容於世。唯阿奴碌碌，當在阿母目下耳！』」

八〇

劍雄萬敵，筆掃千軍。

八一

飛禽鎩翮[1]，猶愛惜乎羽毛；志士捐生，終不忘乎老驥。

①鎩翮：翮，音同合，即鳥羽。鎩翮指鎩羽。

八二

敢於世上放開眼，不向人間浪皺眉。

八三

縹緲孤鴻，影來窗際，開戶從之，明月入懷，花枝零亂，朗吟「楓落吳江」[1]之句，令人凄絕。

①楓落吳江：《新唐書・文藝傳》：「揚州錄事參軍鄭世翼者，亦驁倨，數忤輕忤物，遇信明江中，謂曰：『聞公有「楓落吳江冷」，願見其餘。』信明欣然多出眾篇，世翼覽未終，曰：『所見不逮所聞！』投諸水，引舟去。」

八四

雲破月窺花好處，夜深花睡月明中。[1]

①本條語出明・唐寅〈花月吟〉詩其五：「月轉東牆花影重，花迎月魄若為容。多情月照花間露，解語花搖月下風。雲破月窺花好處，夜深花睡月明中。人生幾度花和月？月色花香處處同。」

八五

三春花鳥猶堪賞，千古文章只自知。[1]文章自是堪千古，花鳥三春只幾時。

①三春花鳥猶堪賞，千古文章只自知：此二具語出明．李贄〈南池〉詩：「濟漯相將日暮時，此間乃有杜陵池。三春花鳥猶堪賞，千古文章只自知。」

八六

士大夫胸中無三斗墨，何以運管城？然恐醞釀宿陳，出之無光澤耳。

八七

攫金於市[1]者，見金而不見人；剖身藏珠[2]者，愛珠而忘自愛。與夫決性命以饕富貴，縱嗜欲以戕生者何異？

①攫金於市：《列子．說符》：「昔齊人有欲金者，清旦衣冠而之市，適鬻金者之所，因攫其金而去。吏捕得之，問曰：『人皆在焉，子攫人之金何？』對曰：『取金時，不見人，徒見金。』」

②剖身藏珠：《資治通鑑．唐太宗．貞觀元年》：「上謂侍臣曰：『吾聞西域賈胡得美珠，剖身以藏之，有諸？』侍臣曰：『有之。』」

八八

說不盡山水好景，但付沉吟；當不起世態炎涼，唯有閉戶。

八九

殺得人者，方能生人。有恩者，必然有怨。若使不陰不陽，隨世波靡，肉菩薩出世，於世何補？此生何用？

九〇

李太白云：「天生我才必有用，黃金散盡還復來。」①杜少陵云：「一生性僻耽佳句，語不驚人死不休。」②豪傑不可不解此語。

①天生我才必有用，黃金散盡還復來：語出唐・李白〈將進酒〉詩。

②一生性僻耽佳句，語不驚人死不休：語出唐・杜甫〈江上值水如海勢，聊短述〉詩：「為人性僻耽佳句，語不驚人死不休。老去詩篇渾漫興，春來花鳥莫深愁。新添水檻供垂釣，故著浮槎替入舟。焉得思如陶謝手，令渠述作與同遊。」

九一

天下固有父兄不能囿之豪傑，必無師友不可化之愚蒙。

九二

諸友於天倫之外，元章呼石為兄；奔走於世途之中，莊生喻塵以馬。

九三

詞人半肩行李，收拾秋水春雲；深宮一世梳妝，惱亂晚花新柳。

九四

得意不必人知，興來書自聖；縱口何關世議，醉後語猶顛。

九五

英雄尚不肯以一身受天公之顛倒，吾輩奈何以一身受世人之提掇？是堪指發，未可低眉。

九六

能為世必不可少之人，能為人必不可及之事，則庶幾此生不虛。

九七

兒女情，英雄氣，並行不悖；或柔腸，或俠骨，總是吾徒。

九八

上馬橫槊，下馬作賦，自是英雄本色；熟讀〈離騷〉，痛飲濁酒，果然名士風流。

九九

詩狂空古今，酒狂空天地。

一〇〇

處世當於熱地思冷，出世當於冷地求熱。

一〇一

我輩腹中之氣，亦不可少，要不必用耳。若蜜口，真婦人事哉！

一〇二

辨大事者，匪獨以意氣勝，蓋亦其智略絕也，故負氣雄行，力足以折公侯，出奇制算，事足以駭耳目。如此人者，俱千古矣。嗟嗟，今世徒虛語耳！

一〇三

說劍談兵，今生恨少封侯骨；登高對酒，此日休吟烈士歌。

一〇四

身許為知己死，一劍夷門[①]，到今俠骨香仍古；腰不為督郵折，五斗彭澤[②]，從古高風清至今。

①身許為知己死，一劍夷門：《史記．魏公子列傳》：「魏有隱士曰侯嬴，年七十，家貧，為大梁夷門監者。公子聞之，往請，欲厚遺之。欲厚遺之。不肯受，曰：『臣脩身絜行數十年，終不以監門困故而受公子財。』公子於是乃置酒大會賓客。坐定，公子從車騎，虛左，自迎夷門侯生。……公子自度終不能得之於王，計不獨生而令趙亡，乃請賓客，約車騎百餘乘，欲以客往赴秦軍，與趙俱死。行過夷門，見侯生，具告所以欲死秦軍狀。辭決而行，侯生曰：『公子勉之矣，老臣不能從。』……公子與侯生決，至軍，侯生果北鄉自剄。」

②腰不為督郵折，五斗彭澤：《宋書．隱逸列傳》：「執事者聞之，以（陶潛）為彭澤令。公田悉令吏種秫稻，妻子固請種粳，乃使一頃五十畝種秫，五十畝種粳。郡遣督郵至，縣吏白應束帶見之，潛嘆曰：『我不能為五斗米折腰向鄉里小人。』即日解印綬去職。」

一〇五

劍擊秋風，四壁如聞鬼嘯；琴彈夜月，空山引動猿號。

一〇六

壯志憤懣難消，高人情深一往。

一〇七

先達笑彈冠，休向侯門輕曳裾；相知猶按劍，莫從世路暗投珠。

卷十一　集法

一

自方袍幅巾之態，遍滿天下，而超脫穎絕之士，遂以同汙合流矯之，而世道不古矣。夫迂腐者，既泥於法，而超脫者，又越於法，然則士君子亦不偏不倚，期無所泥越則已矣，何必方袍幅巾，作此迂態耶！集法第十一。

二

世無乏才知世，以通天達地之精神，而輔之以拔十得五之法眼。一心可以交萬友，二心不可以交一友。

三

凡事留不盡之意則機圓，凡物留不盡之意則用裕，凡情留不盡之意則味深，凡言留不盡之意則致遠，凡興留不盡之意則趣多，凡才留不盡之意則神滿。

四

有世法，有世緣，有世情。緣非情，則易斷；情非法，則易流。

五

世多理所難必之事，莫執宋人道學；世多情所難通之事，莫說晉人風流。

六

與其以衣冠誤國，不若以布衣關世；與其以林下而矜冠裳，不若以廊廟而標泉石。

七

眼界愈大，心眼愈小；地位愈高，舉止愈卑。

八

少年人要心忙，忙則攝浮氣；老年人要心閒，閒則樂餘年。

九

晉人清談，宋人理學，以晉人遺俗，以宋人禔躬[1]，合之雙美，分之兩傷也。

①禔躬：即安身。

一〇

莫行心上過不去事，莫存事上行不去心。

一一

忙處事為，常向閒中先檢點；動時念想，預從靜裡密操持。青天白日處節義，自暗室屋漏處培來；旋轉乾坤的經綸，自臨深履薄處操出。

一二

以積貨財之心積學問，以求功名之念求道德，以愛子女之心愛父母，以保爵位之策保國家。

一三

才智英敏者，宜以學問攝其躁；氣節激昂者，當以德性融其偏。

一四

何以下達[①]？唯有飾非；何以上達？無如改過。

①下達：《論語・憲問》：「君子上達，小人下達。」

一五

一點不忍的念頭，是生民生物之根芽；一段不為的氣象，是撐天撐地之柱石。

一六

君子對青天而懼，聞雷霆而不驚；履平地而恐，涉風波而不疑。[①]

①語出明・薛瑄《薛文清公讀書錄》。

一七

不可乘喜而輕諾，不可因醉而生嗔；不可乘快而多事，不可因倦而鮮終。

一八

意防慮如撥，口防言如遏，身防染如奪，行防過如割。

一九

白沙在泥，與之俱黑[①]，漸染之習久矣；他山之石，可以攻玉[②]，切磋之力大焉。

①白沙在泥，與之俱黑：語出《荀子．勸學》：「蓬生麻中，不扶而直；白沙在涅，與之俱黑。蘭槐之根是為芷，其漸之滫，君子不近，庶人不服。」

②他山之石，可以攻玉：語出《詩經．小雅．鶴鳴》：「鶴鳴於九皋，聲聞於野。魚潛在淵，或在於渚。樂彼之園，爰有樹檀，其下維蘀。他山之石，可以為錯。鶴鳴於九皋，聲聞於天。魚在於渚，或潛在淵。樂彼之園，爰有樹檀，其下維穀。他山之石，可以攻玉。」

二〇

後生輩胸中，落「意氣」兩字，有以趣勝者，有以味勝者。然寧饒於味，而無饒於趣。

①本條自明．陳繼儒《安得長者言》中「後生輩胸中，落『意氣』兩字，則交游定不得力落；『騷雅』二字，則讀書定不深心」、「人之交友，不出『趣味』兩字。有以趣勝者，有以味勝者，有趣味俱乏者，有趣味俱全者。然寧饒於味，而無寧饒於趣」兩段內容改寫而成。

二一

芳樹不用買，韶光貧可支。

二二

寡思慮以養神，剪慾色以養精，靖言語以養氣。

二三

立身高一步方超達，處世退一步方安樂。

二四

士君子貧不能濟物者，遇人癡迷處，出一言提醒之，遇人急難處，出一言解救之，亦是無量功德。

二五

救既敗之事者，如馭臨崖之馬，休輕策一鞭；圖垂成之功者，如挽上灘之舟，莫少停一棹。

二六

是非邪正之交，少遷就則失從違之正；利害得失之會，太分明則起趨避之嫌。

二七

事係幽隱，要思回護他，著不得一點攻訐的念頭；人屬寒微，要思矜禮他，著不得一毫傲睨的氣象。

二八

毋以小嫌而疏至戚，勿以新怨而忘舊恩。

二九

禮義廉恥，可以律己，不可以繩人①。律己則寡過，繩人則寡合。

①繩人：繩在此作約束之意。意指以標準規範他人。

三〇

凡事韜晦，不獨益己，抑且益人；凡事表暴①，不獨損人，抑且損己。

①表暴：暴露於外。於此為韜晦的反意，指行事鋒芒外露。

三一

覺人之詐，不形於言；受人之侮，不動於色。此中有無窮意味，亦有無窮受用。

三二

爵位不宜太盛，太盛則危；能事不宜盡畢，盡畢則衰。

三三

遇故舊之交，意氣要愈新；處隱微之事，心跡宜愈顯；待衰朽之人，恩禮要愈隆。

三四

用人不宜刻，刻則思效者去；交友不宜濫，濫則貢諛者來。

三五

憂勤是美德，太苦則無以適性怡情；澹泊是高風，太枯則無以濟人利物。

三六

做人要脫俗，不可存一矯俗之心；應世要隨時，不可起一趨時之念。

三七

富貴之家，常有窮親戚往來，便是忠厚。

三八

從師延名士，鮮垂教之實益；為徒攀高第，少受誨之真心。

三九

男子有德便是才，女子無才便是德。

四〇

病中之趣味，不可不嘗；窮途之景界，不可不歷。

四一

才人國士，既負不群之才，定負不羈之行，是以才稍壓眾則忌心生，行稍違時則側目至。死後聲名，空譽墓中之骸骨；窮途潦倒，誰憐宮外之蛾眉。

四二

貴人之交貧士也，驕色易露；貧士之交貴人也，傲骨當存。

四三

君子處身，寧人負己，己無負人；小人處事，寧己負人，無人負己。

四四

硯神曰淬妃，墨神曰回氏，紙神曰尚卿，筆神曰昌化，又曰佩阿。

四五

要治世，半部《論語》；要出世，一卷《南華》。

四六

禍莫大於縱己之欲，惡莫大於言人之非。

四七

求見知於人世易，求真知於自己難；求粉飾於耳目易，求無愧於隱微難。

四八

聖人之言，須常將來眼頭過，口頭轉，心頭運。①

①本條語出《朱子語類》。

四九

與其巧持於末，不若拙戒於初。①

①本條語出宋．呂本中《官箴》：「事常至於敗而不能自己，故設心處事，戒之在初，不可不察。借使役，用權智，百端補治，幸而得免，所損已多，不若初不為之為愈也。司馬微《坐忘論》云：『與其巧持於末，孰若拙戒於初。』此天下之要言，當官處事之大法，用力簡而見功多，無如此言者。」

五〇

君子有三惜：此生不學，一可惜；此日閒過，二可惜；此身一敗，三可惜。①

①本條語出明．沈佳《明儒言行錄》。

五一

晝觀諸妻子，夜卜諸夢寐。兩者無愧，始可言學。①

①本條語出《宋史．沈煥傳》：「煥人品高明，而其中未安，不苟自恕，常曰晝觀諸妻子，夜卜諸夢寐。兩者無愧，始可以言學。」

五二

士大夫三日不讀書，則禮義不交，便覺面目可憎，語言無味。

五三

與其密面交，不若親諒友；與其施新恩，不若還舊債。

五四

士人當使王公聞名多而識面少，寧使王公訝其不來，毋使王公厭其不去。①

①本條語出宋．李廌《師友談記》：「公曰：『士人正當爾耳。士未為臣，進退裕如也。他日子仕於朝，欲如今日足以自如，未易得之矣。李文正嘗曰：「士人當使王公聞名多而識面少。」此最名言。蓋寧使王公訝其不來，無使王公厭其不去。如子尚何求名，唯在養其高致爾。』廌以此言如佩韋弦也。」

五五

見人有得意事，便當生忻喜心；見人有失意事，便當生憐憫心，皆自己真實受用處。忌成樂敗，徒自壞心術耳。

五六

恩重難酬，名高難稱。

五七

待客之禮，當存古意，止一雞一黍，酒數行，食飯而罷。以此為法。①

①本條語出明．章懋《楓山語錄》：「先生謂董遵曰：『待客之禮當存古意。今人多以酒食相尚，非也。聞薛文清公在家，官客往來，只一雞一黍，以瓦器盛之，酒三行，就食飯而罷。又魏尚書驥在家，官客相望必留飯，食止一肉一菜而已。年雖高矣，必就舟次面訪，不之公府。有所相遺，必有報禮，不肯虛受人惠。此二公者，亦可以為法矣！』」

五八

處心不可著，著則偏；做事不可盡，盡則窮。

五九

士人所貴，節行為大。軒冕失之，有時而復來；節行失之，終身不可得矣。

六〇

勢不可倚盡，言不可道盡，福不可享盡，事不可處盡，意味偏長。

六一

靜坐然後知平日之氣浮，守默然後知平日之言躁，省事然後知平日之費閒，閉戶然後知平日之交濫，寡欲然後知平日之病多，近情然後知平日之念刻。①

①本條語出明・陳繼儒《安得長者言》。

六二

喜時之言多失信，怒時之言多失體。①

①本條語出明・錢琦《錢公良測語・規世》。

六三

泛交則多費，多費則多營，多營則多求，多求則多辱。

六四

一字不可輕與人，一言不可輕語人，一笑不可輕假人。①

①語出明・薛瑄《薛文清公讀書錄》。

六五

正以處心，廉以律己，忠以事君，恭以事長，信以接物，寬以待下，敬以洽事，此居官之七要也。①

①語出明・薛瑄《薛文清公從政錄》。

六六

聖人成大事業者，從戰戰兢兢之小心來。

六七

酒入舌出，舌出言失，言失身棄。余以為棄身，不如棄酒。[1]

①此條語出漢．劉向《說苑》：「齊桓公為大臣具酒，期以日中，管仲後至，桓公舉觴以飲之，管仲半棄酒。桓公曰：『期而後至，飲而棄酒，於禮可乎？』管仲對曰：『臣聞酒入舌出，舌出者言失，言失者身棄，臣計棄身不如棄酒。』桓公笑曰：『仲父起就坐。楚恭王與晉厲公戰於鄢陵之時，司馬子反渴而求飲，豎谷陽持酒而進之，子反曰：「退，酒也。」谷陽曰：「非酒也。」子反又曰：「退，酒也。」谷陽又曰：「非酒也。」子反受而飲之，醉而寢。恭王欲復戰，使人召子反，子反辭以心疾，於是恭王駕往入幄，聞酒臭曰：「今日之戰，所恃者司馬，司馬至醉如此，是亡吾國而不恤吾眾也，吾無以復戰矣！」於是乃誅子反以為戮，還師。』夫谷陽之進酒也，非以妒子反忠，愛之而適足以殺之，故曰：『小忠，大忠之賊也；小利，大利之殘也。好戰之臣，不可不察也！』」

六八

青天白日，和風慶雲，不特人多喜色，即鳥鵲且有好音。若暴風怒雨，疾雷幽電，鳥亦投林，人皆閉戶。故君子以太和元氣為主。[1]

①本條語出明．陳繼儒《安得長者言》。

六九

胸中落「意氣」兩字，則交遊定不得力；落「騷雅」二字，則讀書定不得深心。

①本條自明・陳繼儒《安得長者言》，原文見本卷第二〇條。

七〇

交友之先宜察，交友之後宜信。

七一

唯儉可以助廉，唯恕可以成德。①

①本條語出《宋史・范純仁傳》：「親族有請教者，純仁曰：『唯儉可以助廉，唯恕可以成德。』」

七二

唯書不問貴賤、貧富、老少，觀書一卷，則增一卷之益；觀書一日，則有一日之益。①

①本條語出明・吳應箕《讀書觀止錄》：「倪文節公云：『松聲、澗聲，山禽聲，夜蟲聲，鶴聲，琴聲，棋子落聲，雨滴階聲，雪灑窗聲，煎茶聲，皆聲之至清者也。而讀書聲為最。聞他人讀書聲，已極可喜；更聞子弟讀書聲，則喜不可勝言矣。』又云：『天下之事，利害常相半，有全利而無少害者，唯書。不問貴賤、貧富、老少，觀書一卷，則有一卷之益；觀書一日，則有一日之益。故有全利無少害也。』讀書者當作此觀。吳生曰：此謂讀書者不以利為利，以書為利也。」

七三

坦易其心胸，率真其笑語，疏野其禮數，簡少其交遊。

七四

好醜不可太明，議論不可務盡，情勢不可殫竭，好惡不可驟施。①

①本條語出明・范立本《明心寶鑑》：「先儒曰：『妍醜不可太明，議論不可務盡，情勢不可殫竭，好惡不可驟施。』」

七五

不風之波，開眼之夢，皆能增進道心。

七六

開口譏誚人，是輕薄第一件，不唯喪德，亦足喪身。

七七

人之恩可念不可忘，人之仇可忘不可念。

七八

不能受言者，不可輕與一言，此是善交法。

七九

君子於人，當於有過中求無過，不當於無過中求有過。

八〇

我能容人，人在我範圍，報之在我，不報在我；人若容我，我在人範圍，不報不知，報之不知。自重者然後人重，人輕者由我自輕。

八一

高明性多疏脫，須學精嚴；狷介常苦迂拘，當思圓轉。

八二

欲做精金美玉的人品，定從烈火鍛來；思立揭地掀天的事功，須向薄冰履過。

八三

性不可縱，怒不可留，語不可激，飲不可過。

八四

能輕富貴，不能輕一輕富貴之心；能重名義，又復重一重名義之念。是事境之塵氛未掃，而心境之芥蒂未忘。此處拔除不淨，恐石去而草復生矣。

八五

紛擾固溺志之場，而枯寂亦槁心之地，故學者當棲心玄默，以寧吾真體；亦當適志恬愉，以養吾圓機。

八六

昨日之非不可留，留之則根燼復萌，而塵情終累乎理趣；今日之是不可執，執之則渣滓未化，而理趣反轉為欲根。

八七

待小人不難於嚴，而難於不惡；待君子不難於恭，而難於有禮。

八八

市私恩，不如扶公議；結新知，不如敦舊好；立榮名，不如種隱德；尚奇節，不如謹庸行。

八九

有一念而犯鬼神之忌，一言而傷天地之和，一事而釀子孫之禍者，最宜切戒。

九〇

不實心，不成事；不虛心，不知事。

九一

老成人受病，在作意步趨；少年人受病，在假意超脫。

九二

為善有表裡始終之異，不過假好人；為惡無表裡始終之異，倒是硬漢子。

九三

入心處咫尺玄門，得意時千古快事。

九四

《水滸傳》無所不有，卻無破老[①]一事，非關缺陷，恰是酒肉漢本色。知此益知作者之妙。

①破老：毀壞老成人。《逸周書・武稱》：「美男破老，美女破舌。」

九五

世問會討便宜人，必是吃過虧者。

九六

書是同人，每讀一篇，自覺寢食有味；佛為老友，但窺半偈，轉思前境真空。

九七

衣垢不湔[①]，器缺不補，對人猶有慚色；行垢不湔，德缺不補，對天豈無愧心？

①湔：音同煎，洗刷清潔之意。

九八

天地俱不醒，落得昏沉醉夢；洪濛率是客，枉尋寥廓主人。

九九

老成人必典必則[①]，半步可規[②]；氣悶人不吐不茹[③]，一時難對。

①必典必則：形容人循規蹈矩。

②半步可規：形容嚴守規矩。

③不吐不茹：不表達個人意見，也不接納旁人的建議。

一〇〇

重友者，交時極難，看得難，以故轉重；輕友者，交時極易，看得易，以故轉輕。

一〇一

近以靜事而約己，遠以惜福而延生。

一〇二

掩戶焚香，清福已具。如無福者，定生他想，更有福者，輔以讀書。

一〇三

國家用人，猶農家積粟。粟積於豐年，乃可濟飢；才儲於平時，乃可濟用。

一〇四

考人品，要在五倫上見。此處得，則小過不足疵；此處失，則眾長不足錄。

一〇五

國家尊名節，獎恬退①，雖一時未見其效，然當患難倉卒之際，終賴其用。如祿山之亂，河北二十四郡皆望風奔潰，而抗節不撓者，止一顏真卿，明皇初不識其人。則所謂名節者，亦未嘗不自恬退中得來也。故獎恬退者，乃所以勵名節。

①恬退：澹泊謙讓之意。

一〇六

志不可一日墜，心不可一日放。

一〇七

辯不如訥，語不如默，動不如靜，忙不如閒。

一〇八

以無累之神，合有道之器，宮商暫離，不可得已。①

①本條語出《南史．褚彥回傳》：「彥回美儀貌，善容止，俯仰進退，咸有風則。……嘗聚袁粲舍，初秋涼夕，風月甚美，彥回援琴奏〈別鵠〉之曲，宮商既調，風神諧暢。王彧、謝莊並在粲坐，撫節而歎曰：『以無累之神，合有道之器，宮商暫離，不可得已。』」

一〇九

精神清旺，境境都有會心；志氣昏愚，處處俱成夢幻。

一一〇

酒能亂性，佛家戒之；酒能養氣，仙家飲之。余於無酒時學佛，有酒時學仙。

一一一

烈士不餒，正氣以飽其腹；清士不寒，青史以暖其躬；義士不死，天君以生其骸。總之心懸胸中之日月，以任世上之風波。

一一二

孟郊有句云：「青山碾為塵，白日無閒人。」[1]于鄴云：「白日若不落，紅塵應更深。」[2]又云：「如逢幽隱處，似遇獨醒人。」[3]王維云：「行到水窮處，坐看雲起時。」[4]又云：「明月松間照，清泉石上流。」[5]皎然云：「少時不見山，便覺無奇趣。」[6]每一諷吟，逸思翩翩。

①青山碾為塵，白日無閒人：唐．孟郊〈大梁送柳淳先入關〉：「青山輾為塵，白日無閒人。自古推高車，爭利西入秦。王門與侯門，待富不待貧。空攜一束書，去去誰相親。」

②白日若不落，紅塵應更深：唐．于鄴〈東門路〉：「東門車馬路，此路在浮沉。白日若不落，紅塵應更深。從來名利地，皆起是非心。所以青青草，年年生漢陰。」

③如逢幽隱處，似遇獨醒人：唐．于鄴〈山上樹〉：「日暖上山路，鳥啼知已春。忽逢幽隱處，如見獨醒人。石冷開常晚，風多落亦頻。樵夫應不識，歲久伐為薪。」

④行到水窮處，坐看雲起時：唐．王維〈終南別業〉：「中歲頗好道，晚家南山陲。興來每獨往，勝事空自知。行到水窮處，坐看雲起時。偶然值臨叟，談笑無還期。」

⑤明月松間照，清泉石上流：唐．王維〈山居秋暝〉：「空山新雨後，天氣晚來秋；明月松間照，清泉石上流。竹喧歸浣女，蓮動下漁舟；隨意春芳歇，王孫自可留。」

⑥少時不見山，便覺無奇趣：唐．皎然〈出遊〉：「少時不見山，便覺無奇趣。狂發從亂歌，情來任閒步。此心誰共證，笑看風吹樹。」

卷十二　集倩

一

倩不可多得，美人有其韻，名花有其致，青山綠水有其丰標。外則山臞韻士，當情景相會之時，偶出一語，亦莫不盡其韻，極其致，領略其丰標，可以啓名花之笑，可以佐美人之歌，可以發山水之清音，而又何可多得！集倩第十二。

二

會心處，自有濠濮間想，然可親人魚鳥；[①]偃臥時，便是羲皇上人，何必秋月涼風。[②]

①會心處，自有濠濮間想，然可親人魚鳥：語出《世說新語・言語》：「簡文入華林園，顧謂左右曰：『會心處不必在遠，翳然林水，便自有濠濮閒想也，覺鳥獸禽魚自來親人。』」

②偃臥時，便是羲皇上人，何必秋月涼風：語出晉・陶淵明〈與子儼等書〉：「常言五六月中，北窗下臥，遇涼風暫至，自謂是羲皇上人。」

三

一軒明月，花影參差，席地便宜小酌；十里青山，鳥聲斷續，尋春幾度長吟。

四

入山採藥，臨水捕魚，綠樹陰中鳥道；掃石彈琴，捲簾看鶴，白雲深處人家。

五

沙村竹色，明月如霜，攜幽人杖藜散步；石屋松陰，白雲似雪，對孤鶴掃榻高眠。

六

焚香看樹，人事都盡，隔簾花落，松梢月上。鐘聲忽度，推窗仰視，河漢流雲，大勝晝時。非有洗心滌慮，得意爻象之表者，不可獨契此語。

七

紙窗竹屋，夏葛冬裘，飯後黑甜，日中白醉，足矣！

八

收碣石之宿霧，斂蒼梧之夕雲。八月靈槎①，泛寒光而靜去；三山②神闕，湛清影以遙連。③

①八月靈槎：晉．張華《博物志》：「舊說天河與海通。近世有人居海渚者，每年八月有浮槎去來，不失期，人有奇志，立飛閣於槎上，多齎糧、乘槎而去。十餘日中猶觀星月日辰，自後茫茫忽忽亦不覺晝夜。去十餘月，奄至一處，有城郭狀，屋舍甚嚴。遙望宮中有織婦，見一丈夫牽牛渚次飲之。牽牛人乃驚問曰：『何由至此？』此人為說來意，並問此是何處，答云：『君還至蜀都，訪嚴君平，則知之。』竟不上岸，因還如期。後至蜀，問君平，君平曰：『某年某月，有客星犯牽牛宿。』計年月，正此人到天河時也。」

②三山：《拾遺記．高辛》：「一曰方壺，則方丈也；二曰蓬壺，則蓬萊也；三曰瀛壺，則瀛洲也。」

③本條語出明．楊億《楊文公談苑》：「阮思道子昌齡，長不滿三尺，醜陋吃訥，其聰明絕人，善屬文，

年十八，海州試〈海不揚波賦〉，即席一筆而成，文不加點。其警句云：『收碣石之宿露，斂蒼梧之夕雲。』又云：『三山神闕，湛清影以遙連；八月靈槎，泛寒光而靜去。』全篇皆類此，人多諷誦，真奇才也。」

九

空三楚之暮天，樓中歷歷；滿六朝之故地，草際悠悠。①

①本條語出唐・黃滔〈秋色賦〉：「白帝承乾，乾坤悄然。潘嶽乃驚素發，感流年，抽彩筆，疊花箋。驅走群言，寫抑鬱之懷矣。搜羅萬象，賦蕭條之景焉。於時淒淒漠漠，零露蒙作。杳杳冥冥，勁風吹成。或青山兮薄暮，或綠水兮新晴。昨日金輿，天子自西郊而迎入。此時火旆，祝融指南極以遄征。於是踆烏減赫，顧兔添明。地上落紅渠之態，煙中吟玉笛之聲。華嶽峰高，染蓮花而翠活。湘川樹老，換楓葉以霞生。愈碧吳山，偏清漢水。松柏風高兮歲寒出，梧桐蟬急兮煙翠死。衡陽落日，觚旅雁以飛來。劍閣中宵，逐哀猿而嘯起。遂使隋堤青恨，吳嶺綠愁。廬阜之蟾開石麵，錢塘之雪入濤頭。空三楚之暮天，樓中歷歷。滿六朝之故地，草際悠悠。魚美東鱸，獸獰西虎。送鸞扇之藏篋，迎朱絲之織戶。海上而輕籠皓月，皎潔成冰。隴頭而惹著陰雲，蒼茫欲雨。斯則寒暑推移，衰榮可知。金生火死，菊換蘭萎。豈惟自遐及邇，窮高極卑。上澄鵲漢以清淺，東瑩鼇洲而渺彌。數聲之元鶴驚時，九皋搖落。一夜之新霜撲處，百卉離披。是時坐客聞之，倅色揣稱，鹹言此日之摛藻，更苦囊篇之秋興。」

一〇

秋水岸移新釣舫，藕花洲拂舊荷裳。心深不滅三年字，病淺難銷寸步香。①

①本條語出明・湯顯祖〈虞淡然在告〉詩：「璁瓏浮闕定星光，河漢風清有報章。秋水岸移新釣舫，藕花

洲拂舊荷裳。心深不滅三年字，病淺難銷寸步香。剩有閒情堪弄月，西湖竹色未應涼。」

一一

趙飛燕歌舞自賞，仙風留於縐裙；韓昭侯顰笑不輕，儉德昭於敝袴①。皆以一物著名，局面相去甚遠。

①韓昭侯顰笑不輕，儉德昭於敝袴：《韓非子》：「韓昭侯使人藏敝袴，侍者曰：『君亦不仁矣，敝袴不以賜左右而藏之。』昭侯曰：『非子之所知也，吾聞明主之愛，一顰一笑，顰有為顰，而笑有為笑。今夫袴豈特嚬笑哉！袴之與顰笑相去遠矣，吾必待有功者，故藏之未有予也。』」

一二

翠微僧至，衲衣皆染松雲；斗室殘經，石磬半沉蕉雨。

一三

黃鳥情多，常向夢中呼醉客；白雲意懶，偏來僻處媚幽人。

一四

樂意相關禽對語，生香不斷樹交花①，是無彼無此真機；野色更無山隔斷，天光常與水相連，此徹上徹下真境。

①樂意相關禽對語，生香不斷樹交花：語出宋．石延年〈金鄉張氏園亭〉詩：「亭館連城敵謝家，四時園色鬥明霞。窗迎西渭封侯竹，地接東陵隱士瓜。樂意相關禽對語，生香不斷樹交花。縱遊會約無留事，醉待参橫月落斜。」

②野色更無山隔斷，天光常與水相連：語出宋・鄭獬〈月波樓〉詩：「古壕鑿出明月背，樓角飛來兔影中。野色更無山隔斷，天光直與水相通。溪藏畫舫青紋接，人住荷花碧玉叢。誰把金魚破清暑，晚雲深處待歸風。」

一五

美女不尚鉛華，似疏雲之映淡月；禪師不落空寂，若碧沼之吐青蓮。

一六

書者喜談畫，定能以畫法作書；酒人好論茶，定能以茶法飲酒。

一七

詩用方言，豈是采風之子；談鄰徘語，恐貽拂塵之羞。

一八

肥壤植梅花，茂而其韻不古；沃土種竹枝，盛而其質不堅。竹徑松籬，盡堪娛目，何非一段清閒；園亭池榭，僅可容身，便是半生受用。

一九

南澗科頭，可任半簾明月；北窗坦腹，還須一榻清風。

二〇

披帙横風榻，邀棋坐雨窗。

二一

洛陽每遇梨花時，人多攜酒樹下，曰：「為梨花洗妝。」①

①本條語出唐．馮贄《雲仙雜記》。

二二

綠染林皋，紅銷溪水。幾聲好鳥斜陽外，一簇春風小院中。

二三

有客到柴門，清尊開江上之月；無人剪蒿徑，孤榻對雨中之山。

二四

恨留山鳥，啼百卉之春紅；愁寄隴雲，鎖四天之暮碧。①

①本條語出唐．黃滔〈館娃宮賦〉：「吳王歿地兮，吳國蕪城。故宮莫問兮，故事難名。門外已飛其玉弩，座中才委其金觥。舞榭歌臺，朝為宮而暮為沼。英風霸業，古人失而今人驚。想夫桂殿中橫，蘭房內創。丹楹刻桷之殊制，釦砌文軒之詭狀。如同渤澥，徙蓬闕於人間。若自瑤池，落蕊宮於地上。繡柱雲楣，飛蛟伏螭。基扃鬱律，鉤楯參差。碧樹之珍禽夏語，綠窗之瑞景冬曦。吳王乃波伍相，輦西施，珠翠族來，居玉堂而澒洞。笙簧擁出，登綺席以逶迤。觸物窮奢，含情愈惑。欲移楚峽於雲際，擬鑿殷池於檻側。花顏縹緲，欺樹裡之春光。銀焰熒煌，卻城頭之曙色。殊不知敵國來攻，攢戈耀空。虎怒而平雉堞，雷訇而擊碎簾櫳。甲馬萬蹄，卷飛塵而滅沒。瓊樓百尺，爆紅燼之冥濛。悉繇修袖舞殃，朱脣唱隙。瑤階而便作泉壤，玉礎而旋成蘚石。恨留山鳥，啼百卉之春紅。愁寄隴雲，鎖四天之暮碧。悲夫

往日層構，茲辰古壕。香逕而同歸寂寂，稽山而杳自高高。遺堵塵空，幾踐群遊之鹿。滄洲月在，寧銷怒觸之濤。已而西日匆匆，東波浩浩。鬆楸而駢作荒隧，車馬而輾通長道。彼雕牆峻宇之君，宜鑒邱墟於茂草。」

二五

澗口有泉常飲鶴，山頭無地不栽花。

二六

雙杵茶煙，具載陸君[①]之灶；半床松月，且窺揚子[②]之書。

①陸君：指茶聖陸羽。

②揚子：指西漢文學家揚雄。

二七

尋雪後之梅，幾忙騷客；訪霜前之菊，頗愜幽人。

二八

帳中蘇合，全消雀尾之爐；檻外遊絲，半織龍鬚之席。

二九

瘦竹如幽人，幽花如處女。

三〇

晨起推窗，紅雨亂飛，閒花笑也；綠樹有聲，閒鳥啼也；煙嵐滅沒，閒雲度也；藻荇可數，閒池靜也；風細簾青，林空月印，閒庭峭也。山扉晝扃，而剝啄每多閒侶；帖括因人，而几案每多閒編。繡佛長齋，禪心釋諦，而念多閒想，語多閒詞。閒中滋味，洵足樂也。

三一

鄙吝一消，白雲亦可贈客；渣滓盡化，明月亦來照人。①

①本條語出明．吳從先《小窗自紀》。

三二

水流雲在，想子美千載高標；月到風來，憶堯夫一時雅致。何以消天下之清風朗月，酒盞詩筒；何以謝人間之覆雨翻雲，閉門高臥。

三三

高客留連，花木添清疏之致；幽人剝啄，莓苔生淡冶之容。雨中連榻，花下飛觴。進艇長波，散髮弄月。紫簫玉笛，颯起中流。白露可餐，天河在袖。①

①本條語出明．宗臣〈報高子明書〉。

三四

午夜箕踞松下，依依皎月，時來親人，亦復快然自適。

三五

香宜遠焚，茶宜旋煮，山宜秋登。

三六

中郎賞花云：「茗賞上也，談賞次也，酒賞下也。若夫內酒越茶，及一切庸穢凡俗之語，此花神之深惡痛斥者，寧閉口枯坐，勿遭花惱可也。賞花有地有時，不得其時而漫然命客，皆為唐突。寒花宜初雪，宜雨霽，宜新月，宜暖房；溫花宜晴日，宜輕寒，宜華堂；暑花宜雨後，宜快風，宜佳木濃陰，宜竹下，宜水閣；涼花宜爽月，宜夕陽，宜空階，宜苔徑，宜古藤巉石邊。若不論風日，不擇佳地，神氣散緩，了不相屬，比於妓舍酒館中花，何異哉。」①

①本條語出明．袁弘道《瓶史》。

三七

雲霞爭變，風雨橫天，終日靜坐，清風洒然。

三八

妙笛至山水佳處，馬上臨風快作數弄。

三九

心中事，眼中景，意中人。

四〇

園花按時開放，因即其佳稱待之以客。梅花索笑客，桃花銷恨客，杏花倚雲客，水仙淩波客，牡丹酣酒客，芍藥占春客，萱草忘憂客，蓮花禪社客，葵花丹心客，海棠昌州客，桂花青雲客，菊花招隱客，蘭花幽谷客，酴醾清敘客，臘梅遠寄客。須是身閒，方可稱為主人。

四一

馬蹄入樹鳥夢墜，月色滿橋人影來。①

①本條語出宋．馬戴〈曉行〉詩。

四二

無事當看韻書，有酒當邀韻友。

四三

紅蓼灘頭，青林古岸，西風撲面，風雪打頭，披蓑頂笠，執竿煙水，儼然在米芾〈寒江獨釣圖〉中。①

①本條語出明．高濂《遵生八箋．起居安樂箋》：「臞仙曰：『江上一蓑，釣為樂事，釣用輪竿，竿用紫竹，輪不欲大，竿不宜長，但絲長則可釣耳。豫章有叢竹，其節長又直，為竿最佳。竿長七八尺，敲針作鉤，所謂「一勾掣動滄浪月，釣出千秋萬古心」，是樂志也，意不在魚。或於紅蓼灘頭，或在青林古岸，或值西風撲面，或教飛雪打頭，於是披蓑頂笠，執竿煙水，儼在米芾〈寒江獨釣圖〉中。此之嚴陵渭水，不亦高哉！』」

四四

馮惟一以杯酒自娛，酒酣即彈琵琶，彈罷賦詩，詩成起舞，時人愛其俊逸。①

①本條語出《宋史．馮吉傳》：「（馮吉）及為少卿，頗不得意，以杯酒自娛。每朝士宴集，雖不召，亦常自至，酒酣即彈琵琶，彈罷賦詩，詩成起舞。時人愛其俊逸，謂之『三絕』。」

四五

風下松而合曲，泉縈石而生文。①

①本條語出南朝．陶弘景〈尋山志〉。

四六

秋風解纜，極目蘆葦，白露橫江，情景淒絕。孤雁驚飛，秋色遠近，泊舟臥聽，沽酒呼盧，一切塵事，都付秋水蘆花。

四七

設禪榻二，一自適，一待朋。朋若未至，則懸之。敢曰陳蕃之榻①，懸待孺子；長史之榻②，專設休源。亦唯禪榻之側，不容著俗人膝耳。詩魔酒顛，賴此榻祛醒。

①陳蕃之榻：《後漢書．徐穉傳》：「徐穉，字孺子，豫章南昌人也。家貧，常自耕稼，非其力不食。恭儉義讓，所居服其德。屢辟公府，不起。時陳蕃為太守，以禮請署功曹，穉不免之，既謁而退。蕃在郡不接賓客，唯穉來特設一榻，去則懸之。後舉有道，家拜太原太守，皆不就。」

②長史之榻：《梁書．孔休源傳》：「休源累佐名藩，甚得民譽，王深相倚仗，軍民機務，動止詢謀。常

於中齋別施一榻，云『此是孔長史坐』，人莫得預焉。其見敬如此。」

四八

留連野水之煙，淡蕩寒山之月。

四九

春夏之交，散行麥野；秋冬之際，微醉稻場。欣看麥浪之翻銀，稱翠直侵衣帶；快睹稻香之覆地，新醅欲溢尊罍。每來得趣於莊村，寧去置身於草野。

五〇

羈客在雲村，蕉雨點點，如奏笙竽，聲極可愛，[①]不減聞〈韶〉也。

①原文至此有「山人讀《易》、《禮》，鬥後騎鶴以至」等句，與上下文不接，故刪。

五一

陰茂樹，濯寒泉，溯冷風，寧不爽然灑然？

五二

韻言一展卷間，恍坐冰壺而觀龍藏[①]。

①龍藏：佛教傳說龍樹從龍宮中取得大乘經典流傳人間，故稱大乘經典為龍藏。

五三

春來新筍，細可供茶；雨後奇花，肥堪待客。

五四

賞花須結豪友，觀妓須結淡友，登山須結逸友，泛舟須結曠友，對月須結冷友，待雪須結豔友，捉酒須結韻友。

五五

問客寫藥方，非關多病；閉門聽野史，只為偷閒。

五六

歲行盡矣，風雨淒然，紙窗竹屋，燈火青熒，時於此間得小趣。①

①本條語出宋・蘇軾〈與毛維瞻尺牘〉：「歲行盡矣，風雨淒然。紙窗竹屋，燈火青熒。時於此間，得少佳趣。無由持獻，獨享為愧，想當一笑也。」（節錄）

五七

山鳥每夜五更喧起五次，謂之「報更」，蓋山間率真漏聲也。①

①本條語出明・陳繼儒《太平清話》。

五八

分韻題詩，花前酒後；閉門放鶴，主去客來。

五九

插花著瓶中，令俯仰、高下、斜正、疏密，皆存意態，得畫家寫生之趣，方佳。①

①本條改寫於明．張謙德《瓶花譜》：「折取花枝，須得家園鄰圃，侵晨帶露，擇其半開者折供，則香色數日不減，若日高露晞折得者，不特香不全，色不鮮，且一兩日即萎落矣。凡折花須擇枝：或上葺下瘦，或左高右低，右高左低，或兩蟠臺接，偃亞偏曲，或挺露一干中出，上簇下蕃，鋪蓋瓶口。取俯仰、高下、疏密、斜正，各具意態，全得畫家折枝花景象，方有天趣，若直枝蓬頭花朵，不入清供。花不論草木，皆可供瓶中插貯。第摘取有二法：取柔枝也，宜手摘取，勁乾也，宜剪卻，惜花人亦須識得。採折勁枝，尚易取巧，獨草花最難摘取，非熟玩名人寫生畫跡，似難脫俗。」

六〇

法飲宜舒，放飲宜雅，病飲宜小，愁飲宜醉，春飲宜郊，夏飲宜庭，秋飲宜舟，冬飲宜室，夜飲宜月。

六一

甘酒以待病客，辣酒以待飲客，苦酒以待豪客，淡酒以待清客，濁酒以待俗客。

六二

仙人好樓居，須岧嶢軒敞，八面玲瓏，舒目披襟，有物外之觀，霞表之勝。宜對山，宜臨水，宜待越，宜觀霞，宜夕陽，宜雪月。宜岸幘觀書，宜倚欄吹笛，宜焚香靜坐，宜揮麈清談。江干宜帆影，山巒宜煙嵐，院落宜楊柳，寺觀宜松篁。溪邊宜漁樵、宜鷺鷥；花前宜娉婷、宜鸚鵡。宜翠霧霏微，宜銀河清淺，宜萬里無雲，長空如洗，宜千林雨過，疊嶂如新。宜高插江天，宜斜連城郭，宜開窗眺海日，宜露頂臥天風。宜嘯宜詠，宜終日敲棋；宜酒宜詩，宜清宵對榻。

六三

良夜風清，石床獨坐，花香暗度，松影參差。黃鶴樓可以不登，張懷民①可以不訪，〈滿庭芳〉②可以不歌。

①張懷民：名夢得，宋朝人，蘇軾之好友，曾寓居承天寺。蘇軾〈記承天寺夜遊〉一文，即為其與張懷民夜遊之事。

②滿庭芳：詞牌名，取唐朝吳融的詩句「滿庭芳草易黃昏」或柳宗元的詩句「滿庭芳草積」為名。此處指宋・張鎡〈滿庭芳・促織兒〉：「月洗高梧，露溥幽草，寶釵樓外秋深。土花沿翠，螢火墜牆陰。靜聽寒聲斷續，微韻轉、悽咽悲沉。爭求侶，殷勤勸織，促破曉機心。 兒時，曾記得，呼燈灌穴，斂步隨音。任滿身花影，猶自追尋。攜向華堂戲鬥，亭臺小、籠巧妝金。今休說，從渠牀下，涼夜伴孤吟。」

六四

茅屋竹窗，一榻清風邀客；茶爐藥灶，半簾明月窺人。

六五

娟娟花露，曉濕芒鞋；瑟瑟松風，涼生枕簟。

六六

綠葉斜披，桃葉渡頭，一片弄殘秋月；青簾高掛，杏花村裡，幾回典卻春衣①。

①幾回典卻春衣：語出唐・杜甫〈曲江〉詩：「朝回日日典春衣，每日江頭盡醉歸。酒債尋常行處有，人生七十古來稀。穿花蛺蝶深深見，點水蜻蜓款款飛。傳語風光共流轉，暫時相賞莫相違。」

六七

楊花飛入珠簾，脫巾洗硯，詩草吟成錦字。燒竹煎茶，良友相聚，或解衣盤礴①，或分韻②角險③，頃之貌出青山，吟成麗句，從旁品題之，大是開心事。

①盤礴：礴，音同伯。舒展兩腿而坐。

②分韻：作詩時，舉定數字為韻，各自拈取或互相分派，各依所拈派之韻以成句。

③角險：指鬥詩時使用險僻難押的詩韻。

六八

木枕傲，石枕冷，瓦枕粗，竹枕鳴。以藤為骨，以漆為膚，其背圓而滑，其額方而通。此蒙莊之蝶庵，華陽之睡几。

六九

小橋月上，仰盼星光，浮雲往來，掩映於牛渚之間，別是一種晚眺。

七〇

醫俗病莫如書，贈酒狂莫如月。

七一

明窗淨几，好香苦茗，有時與高衲談禪；豆棚菜圃，暖日和風，無事聽友人說鬼。

七二

花事乍開乍落，月色乍陰乍晴，興未闌，躊躇搔首；詩篇半拙半工，酒態半醒半醉，身方健，潦倒放懷。

七三

彎月宜寒潭，宜絕壁，宜高閣，宜平臺，宜窗紗，宜簾鈎，宜苔階，宜花砌，宜小酌，宜清談，宜長嘯，宜獨往，宜搔首，宜促膝。春月宜尊罍，夏月宜枕簟，秋月宜砧杵，冬月宜圖書。樓月宜蕭，江月宜笛，寺院月宜笙，書齋月宜琴。閨闈月宜紗櫥，勾欄月宜弦索；關山月宜帆檣，沙場月宜刁鬥。花月宜佳人，松月宜道者，蘿月宜隱逸，桂月宜俊英；山月宜老衲，湖月宜良朋，風月宜楊柳，雪月宜梅花。片月宜花梢，宜樓頭，宜淺水，宜杖藜，宜幽人，宜孤鴻。滿月宜江邊，宜苑內，宜綺筵，宜華燈，宜醉客、宜妙妓。

七四

佛經云：「細燒沉水，毋令見火。」此燒香三昧語。

七五

石上藤蘿，牆頭薜荔，小窗幽致，絕勝深山，加以明月清風，物外之情，盡堪閒適。[1]

①本條語出明．吳從先《小窗自紀》。

七六

出世之法，無如閉關。計一園手掌大，草木蒙茸，禽魚往來，矮屋臨水，展書匡坐[1]，幾於避秦，與人世隔。

①匡坐：端坐。

七七

山上須泉，徑中須竹。讀史不可無酒，談禪不可無美人。

七八

幽居雖非絕世，而一切使令、供具、交遊、晤對之事，似出世外。花為婢僕，鳥為笑談，溪漱澗流代酒餚烹煉，書史作師保，竹石質友朋。雨聲雲影，松風蘿月，為一時豪興之歌舞。情景固濃，然亦清趣。

七九

蓬窗夜啓，月白於霜，漁火沙汀，寒星如聚。忘卻客子作楚，但欣煙水留人。①

①本條語出明．吳從先《小窗自紀》。

八〇

無欲者其言清，無累者其言達。口耳噀①入，靈竅忽啓，故曰不為俗情所染，方能說法度人。②

①噀：音同訓，將口中之水噴出。

②本條語出明．吳從先《小窗自紀》。

八一

臨流曉坐，欸乃忽聞，山川之情，勃然不禁。①

①本條語出明・吳從先《小窗自紀》。

八二

舞罷纏頭何所贈，折得松釵；飲餘酒債莫能償，拾來榆莢。

八三

午夜無人知處，明月催詩；三春有客來時，香風散酒。

八四

如何清色界，一泓碧水含空；那可斷遊蹤，半砌青苔殢雨①。村花路柳，遊子衣上之塵；山霧江雲，行李擔頭之色。

①殢：音同替，沉迷、沉溺之意。

八五

何處得真情？買笑不如買愁；誰人效死力？使功不如使過。

八六

芒鞋甫掛，忽想翠微之色，兩足復繞山雲；蘭棹方停，忽聞新漲之波，一葉仍飄煙水。

八七

旨愈濃而情愈淡者，霜林之紅樹；臭愈近而神愈遠者，秋水之白蘋。

八八

龍女濯冰綃，一帶水痕寒不耐；姮娥攜寶藥，半囊月魄影猶香。

八九

山館秋深，野鶴唳殘清夜月；江園春暮，杜鵑啼斷落花風。石洞尋真，綠玉嵌烏藤之仗；苔磯垂釣，紅翎間白鷺之蓑。晚村人語，遠歸白社[1]之煙；曉市花聲，驚破紅樓之夢。

①白社：指隱士居處。

九〇

案頭峰石，四壁冷浸煙雲，何與胸中丘壑；枕邊溪澗，半榻寒生瀑布，爭如舌底鳴泉。

九一

扁舟空載，贏卻關津不稅愁；孤杖深穿，攬得煙雲閒入夢。

九二

幽堂晝密，清風忽來好伴；虛窗夜朗，明月不減故人。

九三

曉入梁王之苑[1]，雪滿群山；夜登庚亮之樓[2]，月明千里。

①梁王之苑：《西京雜記》：「梁孝王好營宮室苑囿之樂，作曜華之宮，築兔園。園中有百靈山，山有膚寸石、落猿巖、棲龍岫，又有鴈池池間有鶴洲鳧渚，其諸宮觀相連延亙數十里。奇果異樹、瑰禽怪獸畢備。」

②庚亮之樓：《世說新語．容止》：「庾太尉在武昌，秋夜氣佳景清，使吏殷浩、王胡之之徒登南樓理詠。音調始遒，聞函道中有屐聲甚厲，定是庾公。俄而率左右十許人步來，諸賢欲起避之。公徐云：『諸君少住，老子於此處興復不淺！』因便據胡床，與諸人詠謔，竟坐甚得任樂。後王逸少下，與丞相言及此事。丞相曰：『元規爾時風範，不得不小穨。』右軍答曰：『唯丘壑獨存。』」

九四

名妓翻經，老僧釀酒，書生借箸[1]談兵，介冑登高作賦，羨他雅致偏增；屠門食素，狙儈論文，廝養盛服領緣，方外束修懷刺，令我風流頓減。

①借箸：《史記．留侯氏家》：「漢三年，項羽急圍漢王滎陽，漢王恐憂，與酈食其謀橈楚權。食其曰：『昔湯伐桀，封其後於杞。武王伐紂，封其後於宋。今秦失德棄義，侵伐諸侯社稷，滅六國之後，使無立錐之地。陛下誠能復立六國後世，畢已受印，此其君臣百姓必皆戴陛下之德，莫不鄉風慕義，願為臣妾。德義已行，陛下南鄉稱霸，楚必斂衽而朝。』漢王曰：『善。趣刻印，先生因行佩之矣。』食其未行，張良從外來謁。漢王方食，曰：『子房前！客有為我計橈楚權者。』其以酈生語告，曰：『於子房何如？』良曰：『誰為陛下畫此計者？陛下事去矣。』漢王曰：『何哉？』張良對曰：『臣請藉前箸為大王籌之。』」

九五

高臥酒樓，紅日不催詩夢醒；漫書花榭，白雲恆帶墨痕香。

九六

相美人如相花，貴清豔而有若遠若近之思；看高人如看竹，貴瀟灑而有不密不疏之致。

九七

梅稱清絕，多卻羅浮一段妖魂[1]；竹本瀟疏，不耐湘妃數點愁淚[2]。

①羅浮一段妖魂：《龍城錄》：「隋開皇中，趙師雄遷羅浮。一日，天寒日暮，在醉醒間，因憩僕車於松林間酒肆傍舍，見一女子，淡妝素服，出迓師雄。時已昏黑，殘雪對月色微明。師雄喜之，與之語，但覺芳香襲人，語言極清麗。因與之扣酒家門，得數杯，相與飲。少頃，有一綠衣童來，笑歌戲舞，亦自可觀。頃醉寢，師雄亦懵然，但覺風寒相襲。久之，時東方已白。師雄起視，乃在大梅花樹下，上有翠羽啾嘈相顧，月落參橫。但惆悵而爾。」

②湘妃數點愁淚：晉．張華《博物志》：「舜死，二妃淚下，染竹即斑。妃死為湘水神，故曰湘妃竹。」

九八

窮秀才生活，整日荒年；老山人出遊，一派熟路。

九九

眉端揚未得，庶幾在山月吐時；眼界放開來，只好向水雲深處。

一〇〇

劉伯倫攜壺荷鍤，死便埋我[1]，真酒人哉；王武仲閉關護花，不許踏破[2]，直花奴耳。

①劉伯倫攜壺荷鍤，死便埋我：劉伯倫，即劉伶，性好酒，放情肆志，與嵇康、阮籍等同稱為「竹林七賢」。鍤，音同查。《晉書．劉伶傳》：「劉伶常乘鹿車，攜一壺酒，使人荷鍤隨之。曰：『死便埋我。』」

②王武仲閉關護花，不許踏破：宋．周密《續澄懷錄》：「王武仲隱居，羊欣相訪。武仲曰：『君子宜去，吾不可啟關，恐踏碎滿徑落花。』嗟欣賞，久之而去。」

一〇一

一聲秋雨，一行秋雁，消不得一室清燈；一月春花，一池春草，繞亂卻一生春夢。

一〇二

夭桃紅杏，一時分付東風；翠竹黃花，從此永為閒伴。

一〇三

花影零亂，香魂夜發，囅然[1]而喜。燭既盡，不能寐也。

①囅然：開懷大笑的樣子。

一〇四

花陰流影，散為半院舞衣；水響飛音，聽來一溪歌板。

一〇五

一片秋色，能療客病；半聲春鳥，偏喚愁人。

一〇六

會心之語，當以不解解之；無稽之言，是在不聽聽耳。

一〇七

雲落寒潭，滌塵容於水鏡；月流深谷，拭淡黛於山妝。

一〇八

尋芳者追深徑之蘭，識韻者窮深山之竹。

一〇九

花間雨過，蜂黏幾片薔薇；柳下童歸，香散數莖薝蔔[1]。

①薝蔔：佛經中記載的一種花。色黃，香濃，樹身高大。或以為梔子花。

一一〇

幽人到處煙霞冷，仙子來時雲雨香。

一一一

落紅點苔，可當錦褥；草香花媚，可當嬌姬。莫逆則山鹿溪鷗，鼓吹則水聲鳥囀。毛褐為紈綺，山雲作主賓。和根野菜，不讓侯鯖[1]；帶葉柴門，奚輸甲第。

①侯鯖：即五侯鯖。五侯，指漢成帝母舅王譚、王根、王立、王商、王逢時，因同日封侯故號之。鯖，為肉和魚的雜燴。五侯鯖指漢代婁護合王氏五侯家珍膳而烹成的雜燴。

一一二

野築郊居，綽有規制；茅亭草舍，棘垣竹籬，構列無方，淡宕如畫，花間紅白，樹無行款。倘徉洒落，何異仙居？

一一三

墨池寒欲結，冰分筆上之花；爐篆氣初浮，不散簾前之霧。青山在門，白雲當戶，明月到窗，涼風拂座。勝地皆仙，五城十二樓，轉覺多設。

一一四

何為聲色俱清？曰：松風水月，未足比其清華。何為神情俱徹？曰：仙露明珠，詎能方其朗潤。[①]

①本條語出明．吳從先《小窗自紀》。

一一五

「逸」字是山林關目，用於情趣，則清遠多致。用於事務，則散漫無功。[①]

①本條語出明．吳從先《小窗自紀》。

一一六

宇宙雖寬，世途眇於鳥道；征逐日甚，人得浮比魚鱶[①]。

①魚鱶：捕魚的漁夫。

一一七

柳下艤舟，花間走馬，觀者之趣，倍過個中。[1]

①本條語出明．吳從先《小窗自紀》。

一一八

問人情何似？曰：野水多於地，春山半是雲。問世事何似？曰：馬上懸壺漿，刀頭分頓肉。

一一九

塵情一破，便同雞犬為仙；世法相拘，何異鶴鵝作陣。

一二〇

清恐人知，奇足自賞。

一二一

與客倒金樽，醉來一榻，豈獨客去為佳；有人知玉律，回車三調，何必相識乃再！笑元亮之逐客何迂，羨子猷之高情可賞。

一二二

高士豈盡無染，蓮為君子，亦自出於汙泥；丈夫但論操持，竹作正人，何妨犯以霜雪。

一二三

東郭先生之履[1]，一貧從萬古之清；山陰道士之經[2]，片字收千金之重。

①東郭先生之履：《史記・東郭先生列傳》：「齊人東郭先生以方士待詔公車，當道遮衛將軍車，拜謁曰：『願白事。』……詔召東郭先生，拜以為郡都尉。東郭先生久待詔公車，貧困飢寒，衣敝，履不完。行雪中，履有上無下，足盡踐地。道中人笑之，東郭先生應之曰：『誰能履行雪中，令人視之，其上履也，其履下處乃似人足者乎？』」

②山陰道士之經：《晉書・王羲之列傳》：「性愛鵝，會稽有孤居姥養一鵝，善鳴，求市未能得，遂攜親友命駕就觀。姥聞羲之將至，烹以待之，羲之歎惜彌日。又山陰有一道士，養好鵝，羲之往觀焉，意甚悅，固求市之。道士云：『為寫《道德經》，當舉群相贈耳。』羲之欣然寫畢，籠鵝而歸，甚以為樂。其任率如此。」

一二四

管輅請飲後言，名為酒膽；[1]休文以吟致瘦[2]，要是詩魔。

①管輅請飲後言，名為酒膽：《三國志・魏書・管輅傳》：「琅琊太守單子春雅有材度，聞輅一黌之儁，欲得見，輅父即遣輅造之。大會賓客百餘人，座上有能言之士，輅問子春：『府君名士，加有雄貴之姿，輅既年少，膽未堅剛，若欲相觀，懼失精神，請先飲三升清酒，然後而言之。』子春大喜，便酌三升清酒，獨使飲之。酒盡之後，問子春：『今欲與輅為對者，若府君四座之士邪？』子春曰：『吾欲自與卿旗鼓相當。』輅言：『始讀《詩》、《論》、《易本》，學問微淺，未能上引聖人之道，陳秦、漢之事，但欲論金木水火土鬼神之情耳。』子春言：『此最難者，而卿以為易邪？』於是唱大論之端，遂經於陰陽，文采葩流，枝葉橫生，少引聖籍，多發天然。子春及眾士互共攻劫，論難鋒起，而輅人人答對，言皆有餘。至日向暮，酒食不行。子春語眾人曰：『此年少盛有才器，聽其言論，正似司馬犬子遊獵之賦，何其磊落雄壯，英神以茂，必能明天文地理變化之數，不徒有言也。』於是發聲徐州，號之神

童。」

②休文以吟致瘦：《梁書．沈約傳》：「初，約久處端揆，有志臺司，論者咸謂為宜，而帝終不用，乃求外出，又不見許。與徐勉素善，遂以書陳情於勉曰：『吾弱年孤苦，傍無朞屬，往者將墜於地，契闊屯邅，困於朝夕，崎嶇薄宦，事非為己，望得小祿，傍此東歸。……而開年以來，病增慮切，當由生靈有限，勞役過差，總此凋竭，歸之暮年，牽策行止，努力祗事。外觀傍覽，尚似全人，而形骸力用，不相綜攝，常須過自束持，方可僶勉。解衣一臥，肢體不復相關。上熱下冷，月增日篤，取暖則煩，加寒必利，後差不及前差，後劇必甚前劇。百日數旬，革帶常應移孔；以手握臂，率計月小半分。以此推算，豈能支久？若此不休，日復一日，將貽聖主不追之恨。冒欲表聞，乞歸老之秩。若天假其年，還是平健，才力所堪，唯思是策。』勉為言於高祖，請三司之儀，弗許，但加鼓吹而已。」

二一五

因花索句，勝他牘奏三千；為鶴謀糧，贏我田耕二頃。

二一六

至奇無驚，至美無豔。

二一七

瓶中插花，盆中養石，雖是尋常供具，實關幽人性情。若非得趣，個中布置，何能生致！

二一八

舌頭無骨，得言語之總持；眼裡有筋，具遊戲之三昧。

一二九

湖海上浮家泛宅，煙霞五色足資糧；乾坤內狂客逸人，花鳥四時供嘯詠。

一三〇

養花，瓶亦須精良，譬如玉環、飛燕不可置之茅茨，嵇阮賀李不可請之店中。[1]

①本條語出明．袁弘道《瓶史》。

一三一

纔有力以勝蝶，本無心而引鶯；半葉舒而巖暗，一花散而峰明。[1]

①本條語出唐．唐太宗〈小山賦〉。

一三二

玉檻連彩，粉壁迷明。動鮑照[1]之詩興，銷王粲[2]之憂情。

①鮑照：字明遠，南朝宋東海人。文詞贍逸，詞采華麗，常表現慷慨不平的思想情感，在劉宋一代的詩人中最為特出。曾為前軍參軍，世稱為「鮑參軍」。有《鮑參軍集》行世。

②王粲：字仲宣，三國魏山陽高平人。東漢末避亂，依劉表於荊州，後仕魏，官至侍中。長辭賦，所作慷慨悲涼，深刻感人，為「建安七子」之冠冕。作品有〈登樓賦〉、〈七哀詩〉等。

一三三

急不急之辨，不如養默；處不切之事，不如養靜；助不直之舉，不如養正；恣不禁之費，不如養福；好不情之察，不如養度；走不實之名，不如養晦；近不祥之人，不如養愚。

一三四

誠實以啓人之信我，樂易以使人之親我，虛己以聽人之教我，恭己以取人之敬我，奮發以破人之量我，洞徹以備人之疑我，盡心以報人之托我，堅持以杜人之鄙我。

圍爐夜話

序

寒夜圍爐，田家婦子之樂也。顧篝燈坐對，或默默然無一言，或嘻嘻然言非所宜言，皆無所謂樂，不將虛此良夜乎？余識字農人也，歲晚務閒，家人聚處，相與燒煨山芋，心有所得，輒述諸口，命兒輩繕寫存之，題曰《圍爐夜話》。但其中皆隨得隨錄，語無倫次且意淺辭蕪，多非信心之論，特以課家人消永夜耳，不足為外人道也。倘蒙有道君子惠而正之，則幸甚。

咸豐甲寅二月既望王永彬書於橋西館之一經堂

正文

一 教子弟於幼時，便當有正大光明氣象；檢身心於平日，不可無憂勤惕厲功夫。

二 與朋友交遊，須將他好處留心學來，方能受益；對聖賢言語，必要我平時照樣行去，才算讀書。

三 貧無可奈唯求儉，拙亦何妨只要勤。

四 穩當話，卻是平常話，所以聽穩當話者不多；本分人，即是快活人，無奈做本分人者甚少。

五 處事要代人作想，讀書須切己用功。

六 一「信」字是立身之本，所以人不可無也；一「恕」字是接物之要，所以終身可行也。

七

人皆欲會說話，蘇秦乃因會說而殺身；人皆欲多積財，石崇乃因多積財而喪命。

八

教小兒宜嚴，嚴氣足以平躁氣；待小人宜敬，敬心可以化邪心。

九

善謀生者，但令長幼內外，勤修恆業，而不必富其家；善處事者，但就是非可否，審定章程，而不必利於己。

一〇

名利之不宜得者竟得之，福終為禍；困窮之最難耐者能耐之，苦定回甘。生資之高在忠信，非關機巧；學業之美在德行，不僅文章。

一一

風俗日趨於奢淫，靡所底止，安得有敦古樸之君子，力挽江河；人心日喪其廉恥，漸至消亡，安得有講名節之大人，光爭日月。

一二

人心統耳目官骸，而於百體為君，必隨處見神明之宰；人面合眉眼鼻口，以成一字曰「苦」（兩眉為草，眼橫、鼻直，而下承口，乃「苦」字也），知終身無安逸之時。

一三

伍子胥報父兄之仇而郢都滅，申包胥救君上之難而楚國存，可知人心之恃也；秦始皇滅東周之歲而劉季生，梁武帝滅南齊之年而侯景降，可知天道好還也。

一四

有才必韜藏，如渾金璞玉，暗然而日章也；為學無間斷，如流水行雲，日進而不已也。

一五

積善之家，必有餘慶；積不善之家，必有餘殃。可知積善以遺子孫，其謀甚遠也。賢而多財，則損其志；愚而多財，則益其過。可知積財以遺子孫，其害無窮也。

一六

每見待弟子嚴厲者易至成德，姑息者多有敗行，則父兄之教育所係也。又見有弟子聰穎者忽入下流，庸愚者較為上達，則父兄之培植所關也。人品之不高，總為一「利」字看不破；學業之不進，總為一「懶」字丟不開。德足以感人，而以有德當大權，其感尤速；財足以累己，而以有財處亂世，其累尤深。

一七

讀書無論資性高低，但能勤學好問，凡事思一個所以然，自有義理貫通之日；立身不嫌家世貧賤，但能忠厚老成，所行無一毫苟且處，便為鄉黨仰望之人。

一八

孔子何以惡鄉愿？只為他似忠似廉，無非假面孔；孔子何以棄鄙夫？只因他患得患失，盡是俗心腸。

一九

打算精明，自謂得計，然敗祖父子家聲者，必此人也；樸實渾厚，初無甚奇，然培子孫之元氣者，必此人也。

二〇

心能辨事非，處事方能決斷；人不忘廉恥，立身自不卑汙。

二一

忠有愚忠，孝有愚孝，可知「忠孝」二字，不是伶俐人做得來；仁有假仁，義有假義，可知仁義兩行，不無奸惡人藏其內。

二二

權勢之徒，雖至親亦作威福，豈知煙雲過眼，已立見其消亡；奸邪之輩，即平地亦起風波，豈知神鬼有靈，不肯聽其顛倒。

二三

自家富貴，不著意裡；人家富貴，不著眼裡，此是何等胸襟！古人忠孝，不離心頭；今人忠孝，不離口頭，此是何等志量！

二四

王者不令人放生，而無故卻不殺生，則物命可惜也；聖人不責人無過，唯多方誘之改過，庶人心可回也。

二五

大丈夫處事，論是非，不論禍福；士君子立言，貴平正，尤貴精詳。

二六

存科名之心者，未必有琴書之樂；講性命之學者，不可無經濟之才。

二七

潑婦之啼哭怒罵，伎倆要亦無多，唯靜而鎮之，則自止矣；讒人之簸弄挑唆，情形雖若甚迫，苟淡然而置之，是自消矣。

二八

肯救人坑坎中，便是活菩薩；能脫身牢籠外，便是大英雄。

二九

氣性乖張，多是夭亡之子；語言深刻，終為薄福之人。

三〇

志不可不高，志不高，則同流合汙，無足有為矣；心不可太大，心太大，則捨近圖遠，難期有成矣。

三一

貧賤非辱，貧賤而諂求於人者為辱；富貴非榮，富貴而利濟於世者為榮。講大經綸，只是實實落落；有真學問，絕不怪怪奇奇。

三二

古人比父子為橋梓，比兄弟為花萼，比朋友為芝蘭，敦倫者，當即物窮理也；今人稱諸生曰秀才，稱貢生曰明經，稱舉人曰孝廉，為士者，當顧名思義也。

三三

父兄有善行，子弟學之或無不肖；父兄有惡行，子弟學之則無不肖。可知父兄教子弟，必正其身以率之，無庸徒事言詞也。君子有過行，小人嫉之不能容；君子無過行，小人嫉之亦不能容。可知君子處小人，必平其氣以待之，不可稍形激切也。

三四

守身不敢妄為，恐貽羞於父母；創業還需深慮，恐貽害於子孫。

三五

無論做何等人，總不可有勢利氣；無論習何等業，總不可有粗浮心。

三六

知道自家是何等身分，則不敢虛驕矣；想到他日是那樣下場，則可以發憤矣。

三七

常人突遭禍患，可決其再興，心動於警勵也。大家漸及消亡，難期其復振，勢成於因循也。

三八

天地無窮期，生命則有窮期，去一日便少一日；富貴有定數，學問則無定數，求一分便得一分。

三九

處事有何定憑？但求此心過得去；立業無論大小，總要此身做得來。

四〇

氣性不和平，則文章事功俱無足取；語言多矯飾，則人品心術盡屬可疑。

四一

誤用聰明，何若一生守拙；濫交朋友，不如終日讀書。

四二

看書須放開眼孔，做人要立定腳跟。

四三

嚴近乎矜，然嚴是正氣，矜是乖氣，故持身貴嚴，而不可矜；謙似乎諂，然謙是虛心，諂是媚心，故處世貴謙，而不可諂。

四四

財不患其不得，患財得而不能善用其財；祿不患其不來，患祿來而不能無愧其祿。

四五

交朋友增體面，不如交朋友益身心；教子弟求顯榮，不如教子弟立品行。

四六

君子存心，但憑忠信，而婦孺皆敬之如神，所以君子樂得為君子；小人處世，盡設機關，而鄉黨皆避之若鬼，所以小人枉做了小人。

四七

求個良心管我，留些餘地處人。

四八

一言足以召大禍，故古人守口如瓶，唯恐其覆墜也；一行足以玷終身，故古人飭躬若璧，唯恐有瑕疵也。

四九

顏子之不校，孟子之自反，是賢人處橫逆之方；子貢之無諂，原思之坐弦，是賢人守貧窮之法。

五〇

觀朱霞，悟其明麗；觀白雲，悟其卷舒；觀山岳，悟得靈奇；觀河海，悟其浩瀚，則俯仰間皆文章也。對綠竹，得其虛心；對黃華，得其晚節；對松柏，得其本性；對芝蘭，得其幽芳，則遊覽處皆師友也。

五一

行善濟人，人遂得以安全，即在我亦為快意；逞奸謀事，事難必其穩重，可惜他徒自壞心。

五二

不鏡於水，而鏡於人，則吉凶可鑑也；不蹶於山，而蹶於垤，則細微宜防也。

五三

凡事謹守規模，必有大錯；一生但足衣食，便稱小康。

五四

十分不耐煩，乃為人之大病；一味學吃虧，是處事之良方。

五五

習讀書之業，便當知讀書之樂；存為善之心，不必邀為善之名。

五六

知往日所往之非，則學日進矣；見世人可取者多，則德日進矣。

五七

敬他人，即是敬自己；靠自己，勝於靠他人。

五八

見人善行，多方贊成；見人過舉，多方提醒，此長者待人之道也。聞人譽言，加意奮勉；聞人謗語，加意警惕，此君子修己之功也。

五九

奢侈足以敗家，慳吝亦足以敗家。奢侈之敗家，猶出常情；而慳吝之敗家，必遭奇禍。庸愚足以覆事，精明亦足以覆事。庸愚之覆事，猶為小咎，而精明之覆事，必見大凶。

六〇

種田人改習塵市生涯，定為敗路；讀書人干預衙門詞訟，便入下流。

六一

常思某人境界不及我、某人命運不及我，則可以自足矣；常思某人德業勝於我、某人學問勝於我，則可以自慚矣。

六二

讀《論語》公子荊一章，富者可以為法；讀《論語》齊景公一章，貧者可以自興。

六三

捨不得錢，不能為義士；捨不得命，不能為忠臣。

六四

富貴易生禍端，必忠厚謙恭，才無大患；衣祿原有定數，必節儉簡省，乃可久延。

六五

作善降祥，不善降殃，可見塵世之間已分天堂地獄；人同此心，心同此理，可知庸愚之輩不隔聖域賢關。

六六

和平處事，勿矯俗以為高；正直居心，勿設機以為智。

六七

君子以名教為樂，豈如嵇阮之逾閑；聖人以悲憫為心，不取沮溺之忘世。

六八

縱子孫偷安，其後必至耽酒色而敗門庭；教子孫謀利，其後必至爭貲財而傷骨肉。

六九

謹守家父兄教條，沉實謙恭，便是醇潛子弟；不改祖宗成法，忠厚勤儉，定為悠久人家。

七〇

蓮朝開而暮合，至不能合，則將落矣，富貴而無收斂意者，尚其鑒之；草春榮而冬枯，至於極枯，則又生矣，困窮而有振興志者，亦如是也。

七一

伐字從戈，矜字從矛，自伐自矜者，可為大戒；仁字從人，義字從我，講仁講義者，不必遠求。

七二

家縱貧寒，也須留讀書種子；人雖富貴，不可忘稼穡艱辛。

七三

儉可養廉，覺茅舍竹籬，自饒清趣；靜能生悟，即鳥啼花落，都是化機。

七四

一生快活皆庸福，萬種艱辛出偉人。

七五

濟世雖乏資財，而存心方便，即稱長者；生資雖少智慧，而處事精詳，即是能人。

七六

一室閒居，必常懷振卓心，才有生氣；同人聚處，須多說切直話，方見古風。

七七

觀周公之不驕不吝，有才何可自矜；觀顏子之若無若虛，為學豈容自足。

七八

門戶之衰，總由於子孫之驕惰；風俗之壞，多起於富貴之奢淫。

七九

孝子忠臣，是天地正氣所鍾，鬼神亦為之呵護；聖經賢傳，乃古今命脈所繫，人物悉賴以裁成。

八〇

飽暖人所共羨，然使享一生飽暖，而氣昏志惰，豈足有為？飢寒人所不甘，然必帶幾分飢寒，則神緊骨堅，乃能任事。

八一

愁煩中具瀟灑襟懷，滿抱皆春風和氣；暗昧處見光明世界，此心即白日青天。

八二

勢利人裝腔做調，都只在體面上鋪張，可知其百為皆假；虛浮人指東畫西，全不向身心內打算，定卜其一事無成。

八三

不忮不求，可想見光明境界；勿忘勿助，是形容涵養功夫。

八四

數雖有定，而君子但求其理，理既得，數亦難違；變固宜防，而君子但守其常，常無失，變亦能禦。

八五

和為祥氣，驕為衰氣，相人者不難以一望而知；善是吉星，惡是凶星，推命者豈必因五行而定？

八六

人生不可安閒，有恆業才足收放心；日用必須簡省，杜奢端即以昭儉德。

八七

成大事功，全仗著秤心斗膽；有真氣節，才算得鐵面銅頭。

八八

但責己，不責人，此遠怨之道也；但信己，不信人，此取敗之由也。

八九

無執滯心，才是通方士；有做作氣，便非本色人。

九〇

耳目口鼻，皆無知識之輩，全靠著心做主人；身體髮膚，總有毀壞之時，要留個名稱後世。

九一

有生資，不加學力，氣質究難化也；慎大德，不矜細行，形跡終可疑也。

九二

世風之狡詐多端，到底忠厚人顛撲不破；末俗以繁華相尚，終覺冷淡處趣味彌長。

九三

能結交直道朋友，其人必有令名；肯親近耆德老成，其家必多善事。

九四

為鄉鄰解紛爭，使得和好如初，即化人之事也；為世俗談因果，使知報應不爽，亦勸善之方也。

九五

發達雖命定，亦由肯做功夫；福壽雖天生，還是多積陰德。

九六

常存仁孝心，則天下凡不可為者皆不忍為，所以孝居百行之先；一起邪淫念，則生平極不欲為者皆不難為，所以淫是萬惡之首。

九七

自奉必減幾分方好，處世能退一步為高。

九八

守分安貧，何等清閒，而好事者偏自尋煩惱；持盈保泰，總須忍讓，而恃強者乃自取滅亡。

九九

人生境遇無常，須自謀取吃飯之本領；人生光陰易逝，要早定成器之日期。

一〇〇

川學海而至海，故謀道者不可有止心；莠非苗而似苗，故窮理者不可無真見。

一〇一

守身必謹嚴，凡足以戕吾身者宜戒之；養心須澹泊，凡足以累吾以者勿為也。

一〇二

人之足傳，在有德，不在有位；世所相信，在能行，不在能言。

一〇三

與其使鄉黨有譽言，不如令鄉黨無怨言；與其為子孫謀產業，不如教子孫習恆業。

一〇四

多記先正格言，胸中方有主宰；閒看他人行事，眼前即是規箴。

一〇五

陶侃運甓官齋，其精勤可企而及也；謝安圍棋別墅，其鎮定非學而能也。

一〇六

但患我不肯濟人，休患我不能濟人；須使人不忍欺我，勿使人不敢欺我。

一〇七

何謂享福之人？能讀書者便是；何謂創家之人？能教子者便是。

一〇八

子弟天性未漓，教易行也，則體孔子之言以勞之，勿溺愛以長其自肆之心；子弟習氣已壞，教難行也，則守孟子之言以養之，勿輕棄以絕其自新之路。

一〇九

忠實而無才，尚可立功，心志專一也；忠實而無識，必至僨事，意見多偏也。

一一〇

人雖無艱難之時，卻不可忘艱難之境；世雖有僥倖之事，斷不可存僥倖之心。

一一一

心靜則明，水止乃能照物；品超斯遠，雲飛而不礙空。

一一二

清貧乃讀書人順景；節儉即種田人豐年。

一一三

正而過則迂，直而過則拙，故迂拙之人猶不失為正直；高或入於虛，華或入於浮，而虛浮之士究難指為高華。

一一四

人知佛老為異端，不知凡背乎經常者，皆異端也；人知楊墨為邪說，不知凡涉於虛誕者，皆邪說也。

一一五

圖功未晚，亡羊尚可補牢；浮慕無成，羨魚何如結網。

一一六

道本足於身，以實求來，則常若不足矣；境難足以心，盡行放下，則未有不足矣。

一一七

讀書不下苦功，妄想顯榮，豈有此理！為人全無好處，欲邀福慶，從何得來？

一一八

才覺己有不是，便決意改圖，此立志為君子也；明知人議其非，偏肆行無忌，此甘心做小人也。

一一九

淡中交耐久，靜裡壽延長。

一二〇

凡遇事物突來，必熟思審處，恐貽後悔；不幸家庭釁起，須忍讓曲全，勿失舊歡。

一二一

聰明勿使外散，古人有纊【音同況】以塞耳，旒以蔽目者矣；耕讀何妨兼營，古人有出而負耒，入而橫經者矣。

一二二

身不飢寒，天未曾負我；學無長進，我何以對天？

一二三

不與人爭得失，唯求己有知能。

一二四

為人循矩度，而不見精神，則登場之傀儡也；做事守章程，而不知權變，則依樣之葫蘆也。

一二五

文章是山水化境，富貴乃煙雲幻形。

一二六

郭林宗[1]為人倫之鑒，多在細微處留心；王彥方[2]化鄉里之風，是從德義中立腳。

①郭林宗：名郭泰，林宗為其字。郭林宗為東漢末年名士，知人，善於品題人物，其所提拔之人，或在幼童，或在里肆，後來皆成人才，因此名震京師。

②王烈：名王烈，彥方為其字。王烈是東漢末年名士，在家鄉興辦學校，帶動當地風氣，使人民行善遠惡，後被舉為孝廉。董卓之亂時，王烈至遼東避難，擔任遼東太守長史，主持政事，令逃難者與地當人和睦相處，其德行為人所重。

一二七

天下無憨人，豈可妄行欺詐；世人皆苦人，何能獨享安閒。

一二八

甘受人欺，定非懦弱；自謂予智，終是糊塗。

一二九

漫誇富貴顯榮，功德文章要可傳諸後世；任教聲名煊赫，人品心術不能瞞過史官。

一三〇

神傳於目，而目則有胞，閉之可以養神也；禍出於口，而口則有脣，闔之可以防禍也。

一三一

富家慣習驕奢，最難教子；寒士欲謀生活，還是讀書。

一三二

人犯一「苟」字，便不能振；人犯一「俗」字，便不可醫。

一三三

有不可及之志，必有不可及之功；有不忍言之心，必有不忍言之禍。

一三四

事當難處之時，只讓退一步，便容易處矣；功到將成之候，若放鬆一著，便不能成矣。

一三五

無財非貧，無學乃為貧；無位非賤，無恥乃為賤；無年非夭，無述乃為夭；無子非孤，無德乃為孤。

一三六

知過能改，便是聖人之徒；惡惡太嚴，終為君子之病。

一三七

士必以《詩》、《書》為性命，人須從孝悌立根基。

一三八

德澤太薄，家有好事，未必是好事，得意者何可自矜；天道最公，人能苦心，斷不負苦心，為善者須當自信。

一三九

把自己太看高了，便不能長進；把自己太看低了，便不能振興。

一四〇

古之有為之士，皆不輕為之士；鄉黨好事之人，必非曉事之人。

一四一

偶緣為善受累，遂無意為善，是因噎廢食也；明識有過當規，卻諱言有過，是諱疾忌醫也。

一四二

賓入幕中，皆瀝膽披肝之士；客登座上，無焦頭爛額之人。

一四三

「地無餘利，人無餘力」，是種田兩句要言；「心不外弛，氣不外浮」，是讀書兩句真訣。

一四四

成就人才，即是栽培子弟；暴殄天物，自應折磨兒孫。

一四五

和氣迎人，平情應物；抗心希古，藏器待時。

一四六

矮板凳且坐著，好光陰莫錯過。

一四七

天地生人，都有一個良心，苟喪此良心，則其去禽獸不遠矣；聖賢教人，總是一條正路，若捨此正路，則常行荊棘之中矣。

一四八

世上言樂者，但曰讀書樂、田家樂，可知務本業者，其境常安；古之言憂者，必曰天下憂、廊廟憂，可知當大任者，其心良苦。

一四九

天雖好生，亦難救求死之人；人能造福，即可邀悔禍之天。

一五〇

薄族者，必無好兒孫；薄師者，必無佳子弟，吾所見亦多矣。恃力者，忽逢真敵手；恃勢者，忽逢大對頭，人所料不及也。

一五一

為學不外「靜」、「敬」二字，教人先去「驕」、「惰」二字。

一五二

人得一知己，須對知己而無慚；士既多讀書，必求讀書而有用。

一五三

以直道教人，人即不從，而自反無愧，切勿曲以求榮也；以誠心待人，人或不諒，而歷久自明，不必忽於求白也。

一五四

粗糲能甘，必是有為之士；紛華不染，方稱傑出之人。

一五五

性情執拗之人，不可與謀事也；機趣流通之士，始可與言文也。

一五六

不必於世事件件皆能，唯求與古人心心相印。

一五七

夙夜所為，得無抱慚於衾影？光陰已逝，尚期收效於桑榆。

一五八

念祖考創家基，不知櫛風沐雨，受多少苦辛，才能足食足衣，以貽後世；為子孫計長久，除卻讀書耕田，恐別無生活，總期克勤克儉，毋負先人。

一五九

但作里中不可少之人，便為於世有濟；必使身後有可傳之事，方為此生不虛。

一六〇

齊家先修身，言行不可不慎；讀書在明理，識見不可不高。

一六一

桃實之肉暴於外，不自吝惜，人得取而食之；食之而種其核，猶饒生氣焉，此可見積善者有餘慶也。栗實之肉祕於內，深自防護，人乃破而食之；食之而棄其殼，絕無生理矣，此可知多藏者必厚亡也。

一六二

求備之心，可用之以修身，不可用之以接物；知足之心，可用之以處境，不可用之以讀書。

一六三

有守雖無所展布，而其節不撓，故與有猷有為而並重；立言即未經起行，而於人有益，故與立功立德而並傳。

一六四

遇老成人，便肯殷殷求教，則向善必篤也；聽切實話，覺得津津有味，則進德可期也。

一六五

有真性情，須有真涵養；有大識見，乃有大文章。

一六六

為善之端無盡，只講一「讓」字，便人人可行；立身之道何窮，只得一「敬」字，便事事皆整。

一六七

自己所行之是非，尚不能知，安望知人；古人以往之得失，且不必論，但須論己。

一六八

治術必本儒術者，念念皆仁厚也；今人不及古人者，事事皆虛浮也。

一六九

莫大之禍，起於須臾之不忍，不可不謹。

一七〇

家之長幼，皆倚賴於我，我亦嘗體其情否也？士之衣食，皆取資於人，人亦曾受其益否也？

一七一

富不肯讀書，貴不肯積德，錯過可惜也。少不肯事長，愚不肯親賢，不祥莫大焉。

一七二

自虞廷[1]立五倫為教，然後天下有大經[2]；自紫陽集四子成書[3]，然後天下有正學。

①虞廷：指虞舜時代的朝廷。

②大經：世間常道、法規。

③紫陽集四子成書：朱熹又稱紫陽先生。四子分別指《論語》、《孟子》、《大學》、《中庸》。朱熹為《大學》、《中庸》注釋為章句，《論語》、《孟子》結合眾人說法而為集注，合而為之《四書章句集注》。

一七三

意趣清高，利祿不能動也；志量遠大，富貴不能淫也。

一七四

最不幸者，為勢家女做翁姑；最難處者，為富家兒做師友。

一七五

錢能福人，亦能禍人，有錢者不可不知；藥能生人，亦能殺人，用藥者不可不慎。

一七六

凡事勿徒委於人，必身體力行，方能有濟；凡事不可執於己，必集思廣益，乃罔後艱。

一七七

耕讀固是良謀，必工課無荒，乃能成其業；仕宦雖稱顯貴，若官箴有玷，亦未見其榮。

一七八

儒者多文為富，其文非時文也；君子疾名不稱，其名非科名也。

一七九

「博學篤志，切問近思」，此八字是收放心的功夫；「神閒氣靜，智深勇沉」，此八字是做大事的本領。

一八〇

何者為益友？凡事肯規我之過者是也；何者為小人？凡事必徇己之私者是也。

一八一

待人宜寬，唯待子孫不可寬；行禮宜厚，唯行嫁娶不必厚。

一八二

事但觀其已然，便可知其未然；人必盡其當然，乃可聽其自然。

一八三

觀規模之大小，可以知事業之高卑；察德澤之淺深，可以知門祚之久暫。

一八四

義之中有利，而尚義之君子，初非計及於利也；利之中有義，而趨利之小人，並不顧其為害也。

一八五

小心謹慎者，必善其後，暢則無咎也；高自位置者，難保其終，亢則有悔也。

一八六

耕所以養生，讀所以明道，此耕讀之本原也，而後世乃假以謀富貴矣；衣取其蔽體，食取其充飢，此衣食之實用也，而時人乃藉以逞豪奢矣。

一八七

人皆欲貴也，請問一官到手，怎樣施行？且問萬貫纏腰，如何布置？

一八八

文、行、忠、信，孔子立教之目也，今唯教以文而已；志道、據德、依仁、遊藝，孔門為學之序也，今但學其藝而已。

一八九

隱微之衍，即干憲典，所以君子懷刑也；技藝之末，無益身心，所以君子務本也。

一九〇

士既知學，還恐學而無恆；人不患貧，只要貧而有志。

一九一

用功於內者，必於外無所求；飾美於外者，必其中無所有。

一九二

盛衰之機，雖關氣運，而有心者必貴諸人謀；性命之理，固極精微，而講學者必求其實用。

一九三

魯如曾子，於道獨得其傳，可知資性不足限人也；貧如顏子，其樂不因以改，可知境遇不足困人也。

一九四

敦厚之人，始可托大事，故安劉氏者，必絳侯①也；謹慎之人，方能成大功，故興漢室者，必武侯②也。

①絳侯：指漢朝周勃。周勃是漢朝的開國功臣，劉邦死後，呂后當政，家族掌權，擾亂朝政，呂后一死，周勃與陳平諸除諸呂，迎立文帝即位。

②武侯：即指三國蜀漢諸葛亮，為蜀漢開國功臣，輔佐劉備與其子劉禪治理蜀地，死而後已。

一九五

以漢高祖之英明，知呂后必殺戚姬，而不能救止，蓋其禍已成也；以陶朱公智計，知長男必殺仲子，而不能保全，殆其罪難宥乎？

一九六

處世以忠厚人為法，傳家得勤儉意便佳。

一九七

紫陽補《大學・格致》之章，恐人誤入虛無，而必使之即物窮理，所以維正教也；陽明取孟子良知之說，恐人徒事記誦，而必使之反己省心，所以救末流也。

一九八

人稱我善良則喜，稱我凶惡則怒，此可見凶惡非美名也，即當立志為善良；我見人醇謹則愛，見人浮躁則惡，此可見浮躁非佳士也，何不反身為醇謹？

一九九

處事宜寬平，而不可有鬆散之弊；持身貴嚴厲，而不可有激切之形。

二〇〇

天有風雨，人以宮室蔽之，地有山川，人以舟車通之，是人能補天地之闕，而可無為乎？人有性理，天以五常賦之，人有形質，地以六穀養之，是天地且厚人之生也，而可自薄乎？

二〇一

人之生也直，人苟欲生，必全其直；貧者士之常，士不安貧，乃反其常。進食需箸，而箸亦只悉隨其操縱所使，於此可悟用人之方；作書需筆，而筆不能必其字畫之工，於此可悟求己之理。

二〇二

家之富厚者，積田產以遺子孫，子孫未必能保，不如廣積陰功，使天眷其德，或可少延；家之貧窮者，謀奔走以給衣食，衣食未必能充足，何若自謀本業，知民生在勤，定當有濟。

二〇三

言不可盡信，必揆諸理；事未可遽行，必問諸心。

二〇四

兄弟相師友，天倫之樂莫大焉；閨門若朝廷，家法之嚴可知也。

二〇五

友以成德也，人而無友，則孤陋寡聞，德不能成矣；學以癒愚也，人而不學，則昏昧無知，愚不能癒矣。

二〇六

明犯國法，罪累豈能幸逃；白得人財，賠償還要加倍。

二〇七

浪子回頭，仍不慚為君子；貴人失足，便貽笑於庸人。

二〇八

飲食男女，人之大欲存焉，然人欲既勝，天理或亡。故有道之士，必使飲食有節，男女有別。

二〇九

東坡《志林》有云：「人生耐貧賤易，耐富貴難；安勤苦易，安閒散難；忍疼易，忍癢難；能耐富貴、安閒散、忍癢者，必有道之士也。」余謂如此精爽之論，足以發人深省，正可於朋友聚會時，述之以助清談。

二一〇

余最愛《草廬日錄》有句云：「淡如秋水貧中味，和若春風靜後功。」讀之覺矜平躁釋，意味深長。

二一一

敵加於己，不得已而應之，謂之應兵，兵應者勝。利人土地，謂之貪兵，兵貪者敗，此魏相論兵語也。然豈獨用兵為然哉？凡人事之成敗，皆當作如是觀。

二一二

凡人世險奇之事，絕不可為，或為之而幸獲其利，特偶然耳，不可視為常然也。可以為常者，必其平淡無奇，如耕田、讀書之類是也。

二一三

「憂先於事故能無憂，事至而憂無救於事。」此唐史李絳語也。其警人之意深矣，可書以揭諸座右。

二一四

堯、舜大聖，而生朱、均；瞽、鯀至愚，而生舜、禹；揆以餘慶餘殃之理，似覺難憑。然堯、舜之聖，初未嘗因朱、均而滅；瞽、鯀之愚，亦不能因舜、禹而掩，所以人貴自立也。

二一五

程子教人以靜，朱子教人以敬，靜者心不妄動之謂也，敬者心常惺惺之謂也。又況靜能延壽，敬則日強，為學之功在是，養生之道亦在是，靜敬之益人大矣哉！學者可不務乎？

二一六

卜筮以龜筮為重，故必龜從筮從乃可言吉。若二者有一不從，或二者俱不從，則宜其有凶無吉矣。乃《洪範．稽疑》之篇，則於龜從筮逆者，仍曰作內吉。從龜筮共逆於人者，仍曰用靜吉。是知吉凶在人，聖人之垂戒深矣。人誠能作內而不作外，用靜而不用作，循分守常，斯亦安往而不吉哉！

二一七

每見勤苦之人絕無癆疾，顯達之士多出寒門，此亦盈虛消長之機，自然之理也。

二一八

欲利己，便是害己；肯下人，終能上人。

二一九

古之克孝者多矣，獨稱虞舜為大孝，蓋能為其難也；古之有才者眾矣，獨稱周公為美才，蓋能本於德也。

二二〇

不能縮頭者，且休縮頭；可以放手者，便須放手。

二二一

居易俟命，見危授命，言命者總不外順受其正；木訥近仁，巧令鮮仁，求仁者即可知從人之方。

二二二

見小利，不能立大功；存私心，不能謀公事。

二二三

正己為率人之本，守成念創業之艱。

二二四

在世無過百年，總要做好人、存好心，留個後代榜樣；謀生各有恆業，那得管閒事、說閒話，荒我正經工夫。

國家圖書館出版品預行編目資料

菜根譚．小窗幽記．圍爐夜話 /[明] 洪應明、[明] 陸紹珩、
[清] 王永彬 著 -- 初版 . -- 臺北市 : 商周，城邦文化出版 :
家庭傳媒城邦分公司發行，民 107.10
面； 公分 . -- (中文可以更好 ; 46)
ISBN 978-986-477-540-8 (精裝)
1. 修身
192.1 107015688

菜根譚・小窗幽記・圍爐夜話

作　　　者／洪應明、陸紹珩、王永彬
企 畫 選 書／陳名珉
責 任 編 輯／陳名珉

版　　　權／翁靜如
行 銷 業 務／李衍逸、黃崇華
總　編　輯／楊如玉
總　經　理／彭之琬
發　行　人／何飛鵬
法 律 顧 問／元禾法律事務所　王子文律師
出　　　版／商周出版
城邦文化事業股份有限公司
台北市中山區民生東路二段 141 號 9 樓
電話：(02) 2500-7008 傳真：(02) 2500-7759
E-mail：bwp.service@cite.com.tw
Blog：http://bwp25007008.pixnet.net/blog
發　　　行／英屬蓋曼群島商家庭傳媒股份有限公司城邦分公司
台北市中山區民生東路二段 141 號 2 樓
書虫客服服務專線：(02)2500-7718．(02)2500-7719
24 小時傳真服務：(02)2500-1990．(02)2500-1991
服務時間：週一至週五 09:30-12:00．13:30-17:00
劃撥帳號：19863813　戶名：書虫股份有限公司
讀者服務信箱 E-mail：service@readingclub.com.tw
歡迎光臨城邦讀書花園 網址：www.cite.com.tw
香港發行所／城邦（香港）出版集團有限公司
香港灣仔駱克道 193 號東超商業中心 1 樓
電話：(852) 2508-6231　傳真：(852) 2578-9337
馬新發行所／城邦 (馬新) 出版集團【Cité (M) Sdn. Bhd. (458372U)】
41, Jalan Radin Anum, Bandar Baru Sri Petaling,
57000 Kuala Lumpur, Malaysia
電話：(603)9057-8822　傳真：(603) 9057-6622
Email：cite@cite.com.my

封 面 設 計／黃聖文
版 型 設 計／李莉君
排　　　版／新鑫電腦排版工作室
印　　　刷／韋懋實業有限公司
總　經　銷／聯合發行股份有限公司
電話：(02) 2917-8022　傳真：(02) 2911-0053
地址：新北市 231 新店區寶橋路 235 巷 6 弄 6 號 2 樓

■ 2018 年（民 107）10 月 4 日初版
定價 450 元
Printed in Taiwan

ISBN　978-986-477-540-8

商周出版

廣	告	回	函
北區郵政管理登記證			
台北廣字第000791號			
郵資已付，免貼郵票			

104台北市民生東路二段141號2樓

英屬蓋曼群島商家庭傳媒股份有限公司　城邦分公司

請沿虛線對摺，謝謝！

商周出版

書號： BK6046C　**書名：**菜根譚·小窗幽記·圍爐夜話　**編碼：**

請於此處用膠水黏貼

商周出版

讀者回函卡

感謝您購買我們出版的書籍！請費心填寫此回函卡，我們將不定期寄上城邦集團最新的出版訊息。

不定期好禮相贈！
立即加入：商周出版
Facebook 粉絲團

姓名：________________ 性別：□男 □女

生日：西元________年________月________日

地址：________________

聯絡電話：________________ 傳真：________________

E-mail：

學歷：□ 1. 小學 □ 2. 國中 □ 3. 高中 □ 4. 大學 □ 5. 研究所以上

職業：□ 1. 學生 □ 2. 軍公教 □ 3. 服務 □ 4. 金融 □ 5. 製造 □ 6. 資訊
□ 7. 傳播 □ 8. 自由業 □ 9. 農漁牧 □ 10. 家管 □ 11. 退休
□ 12. 其他________________

您從何種方式得知本書消息？

□ 1. 書店 □ 2. 網路 □ 3. 報紙 □ 4. 雜誌 □ 5. 廣播 □ 6. 電視
□ 7. 親友推薦 □ 8. 其他________________

您通常以何種方式購書？

□ 1. 書店 □ 2. 網路 □ 3. 傳真訂購 □ 4. 郵局劃撥 □ 5. 其他______

您喜歡閱讀那些類別的書籍？

□ 1. 財經商業 □ 2. 自然科學 □ 3. 歷史 □ 4. 法律 □ 5. 文學
□ 6. 休閒旅遊 □ 7. 小說 □ 8. 人物傳記 □ 9. 生活、勵志 □ 10. 其他

對我們的建議：________________

____

____

請於此處用膠水黏貼